あなたの店を女性客でいっぱいにする「色彩」のしかけ

繁盛飲食店だけがやっている

池田早苗 著

同文舘出版

色の基本知識と効果を知ろう！

色相環

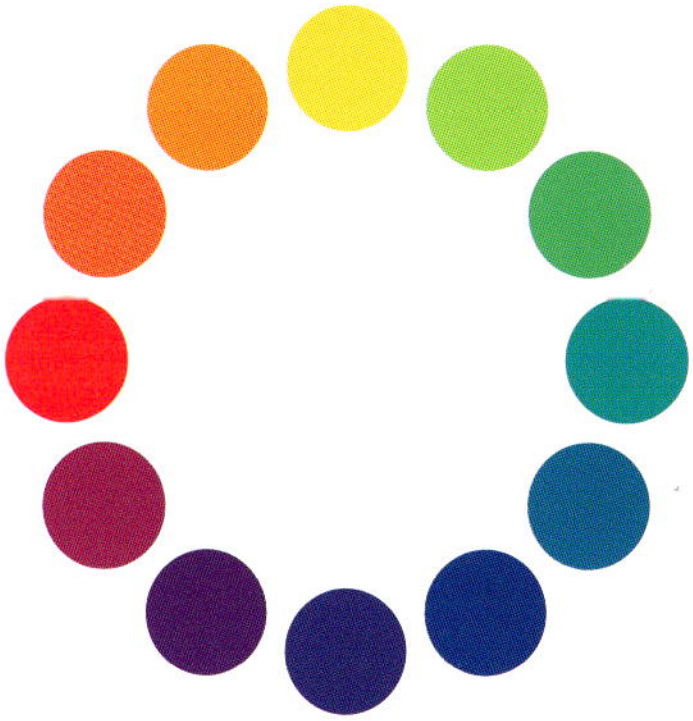

色相の違いを系統的に並べたもの。時計回りに赤→オレンジ→黄→緑→青→青紫→紫→赤紫→赤のように徐々に変化し、循環する色相の環

色のメッセージ効果

Q 次の色が逆になった場合、瞬時に判断できますか？

男性用トイレは黒、
女性用トイレは赤

逆にすると……

間違えて入ってしまうのでは？

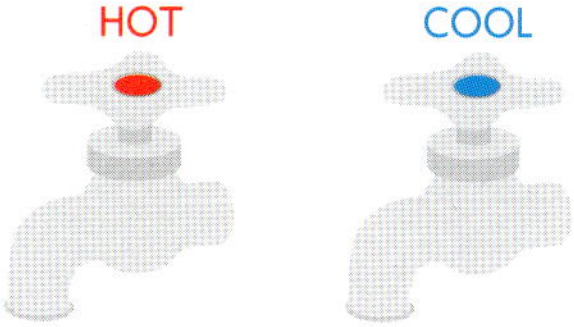

水道の蛇口　赤はお湯、青は水

信号機　赤は止まれ　青は進め

私たちは小さい頃から色のメッセージを受けて、無意識に色に頼っているのです。

膨張色と収縮色

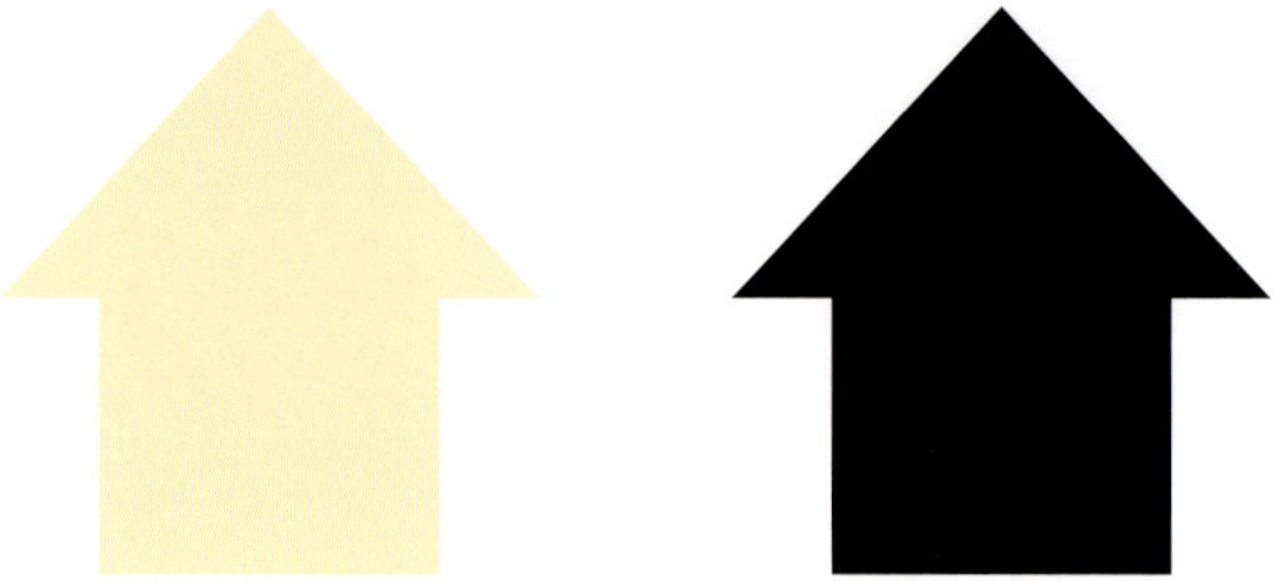

どちらが大きく見えますか？
同じ大きさでも白い（明るい、薄い）と大きく見えて、黒い（暗い、濃い）と小さく見えます。

進出色と後退色

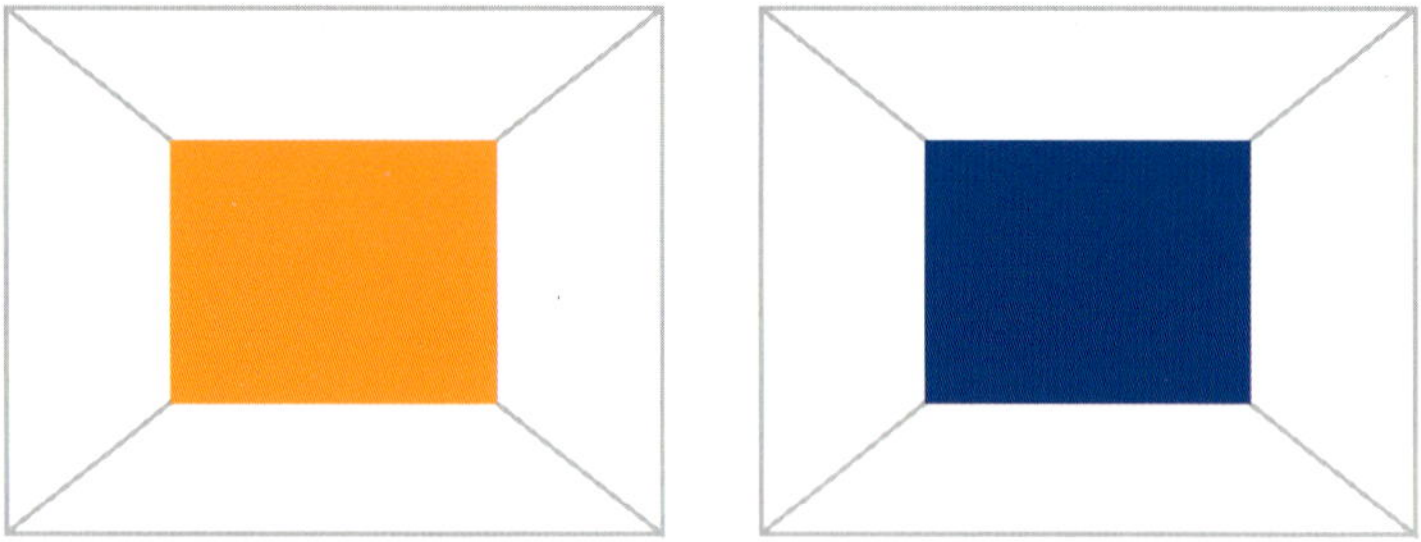

どちらが近くに感じますか？
赤、オレンジ色、黄色などの暖色系は近くに感じ、青などの寒色系は遠くに感じます。

色が与えるイメージ

赤
熱い、派手、情熱的、エネルギッシュ、バイタリティー、闘争心、興奮、怒り、危険、エネルギー、愛、口紅、血液、太陽、炎、辛い、リンゴ、イチゴ、トマト、肉

ピンク
優しい、柔らかい、甘い、かわいい、ロマンティック、女の子、女性、幸福、恋、春、桜、桃

オレンジ
陽気、元気、賑やか、楽しい、快活、躍動、暖かい、派手、親しみ、積極的、家庭的、健康的、豊か、娯楽、太陽、夕日、みかん、柿、かぼちゃ、にんじん

白
清潔、純潔、純粋、潔白、清楚、はじまり、新しい、軽い、雪、雲、ウェディングドレス、真珠、アイスクリーム、餅、豆腐、大根、牛乳

黄
明るい、目立つ、楽しい、希望、朗らか、注意、すっぱい、スパイシー、かわいい、幼い、無邪気、ひまわり、ひよこ、太陽、光、月、星、レモン、玉子

グレー
曖昧、地味、シック、控えめな、寂しい、粋な、上品な、冷たい、平凡、影、憂鬱、不安、無気力、ねずみ、コンクリート、曇り、冬

緑
安らぎ、癒し、自然、リラックス、健康、平和、安全、植物、若々しい、新鮮、さわやか、さっぱりとした、ピーマン、キャベツ、レタス、ブロッコリー

茶
落ち着いた、安定、大人っぽい、実り、渋い、苦い、こってりした、味わい深い、豊潤、コクがある、木、落ち葉、秋、レンガ、チョコレート、コーヒー、栗、きのこ

青
誠実、知的、真面目、冷静、男性、さわやか、スポーティ、冷たい、さっぱりとした、爽快な、清々しい、海、空、水、宇宙、地球、カロリー控え目

黒
モダン、高級、フォーマル、大人っぽい、暗い、重い、威厳、威圧、抑圧、重厚、不安、恐怖、闇、苦い、濃い、夜、カラス、黒豆、ひじき、昆布

紫
高貴、優雅、癒し、上品、おしゃれ、気品、神秘、怪しい、エレガント、不思議、ミステリアス、粋、すみれ、あじさい、藤、ラベンダー、ぶどう、ブルーベリー

ゴールド
高級、ゴージャス、特別、まぶしい、豪華、勝利、栄誉、神々しい、メダル、王冠

配色イメージ

▶カジュアル

元気、はつらつとした、活気のある、気軽、親しみのある、賑やか

▶ロマンティック

可憐、甘美、優しい、女の子らしい、夢心地、メルヘン

▶高級

ゴージャス、豪華、格調のある、ぜいたく、本格的

▶南国風

異国、暖かい、太陽、木々、リゾート

▶ナチュラル

自然、素朴、居心地がよい、平和、ほのぼのとした、穏やか

▶和風

落ち着いた、わび、さび、渋み、風流な、飽きのこない

▶レトロ

懐かしい、古風、味わい深い、クラシック

▶モダン

都会的、現代的、革新的、先進的

色のトーンが与えるイメージ

元気・活発

派手な、目立つ、鮮やかな、冴えた、いきいきとした、カジュアルな、親しみやすい、陽気な、賑やかな、気軽な

優しい・明るい

浅い、澄んだ、さわやかな、かわいい、女性的な、柔らかい、淡い、あどけない、キュートな

大人っぽい・高級

深い、濃い、充実した、伝統的な、落ち着いた、格調のある、味わい深い、重厚な

上品・控えめ

濁った、くすんだ、質素な、地味な、しゃれた、粋な、シックな、閑静な、洗練された、さりげない

回転率がよくなる色の活用

座布団の色が紺だった頃、店内の雰囲気は落ち着き過ぎてお客様の回転率が悪かった

座布団の色を赤に変えると、店内が活気付き、お客様の回転率がよくなった

食材の色

食材に多い色が食欲を増進させる色です。食材は、赤、オレンジ色、黄色、緑に多く、青、紫、グレーには当てはまるものが少ないのが特徴です。

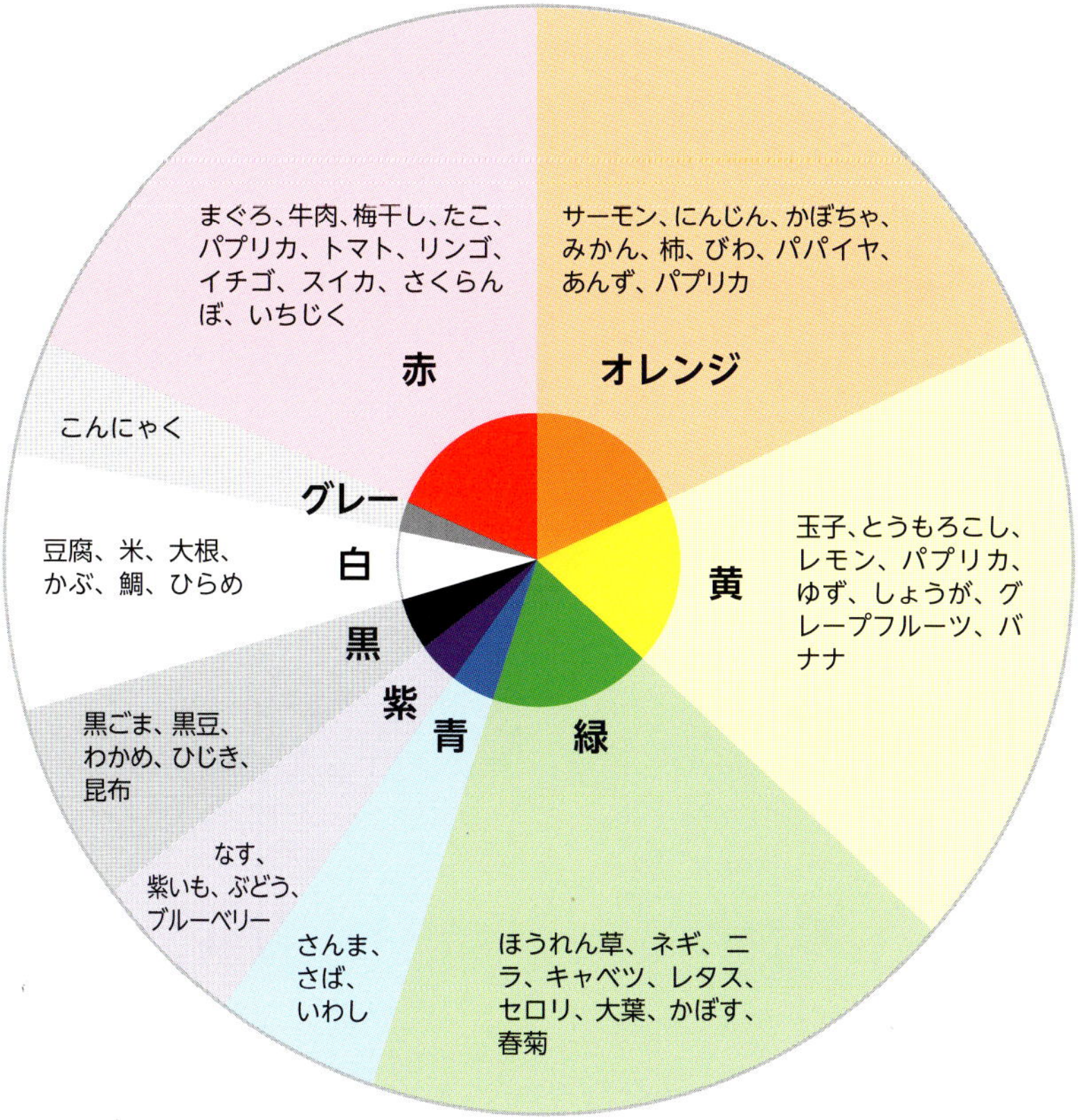

料理をおいしく見せる色の技

料理をよりおいしく見せる3色

緑だけのサラダとトマトやパプリカが入ったサラダ、どちらがおいしそうでしょうか？
同じサラダでも緑だけでまとめた単色よりも、緑の中に赤や黄色が入っていると華やかになり、見た目にもおいしさが増します。

温度に合わせたうつわ選び

水色のうつわとオレンジ色のうつわ。料理に合わせた選び方のポイントがあります。
温かいスープを入れる場合、水色のうつわだとすぐに冷めてしまう印象に。一方、オレンジ色のうつわだとスープが冷めにくい印象を与えるため、見た目にもおいしさが増します。

はじめに

こんにちは。池田早苗です。

私は現在、大阪でカラースクールを経営しています。個人向けにはカラーアナリスト（色の分析家）を養成する講座やパーソナルカラー診断など、企業向けには飲食店、サロン、医療機関などの色彩設計を手掛け、色を見直すことで売上を向上するための、色彩戦略家として活動しています。

今回、私が飲食店向けの本を書くに至った動機、それは、実家が営む焼肉店が経営悪化し、再生不可能な状況になったにもかかわらず、そこから新店舗として再生できたことに、色の活用が大きく影響していたからです。

7年前、実家が営む焼肉店は明日潰れてもおかしくない状況に立たされていました。一日の来客数が一人、一日の売上が3000円という日が頻繁にありました。

私は、経営者である母に、「赤字経営の店なんかやめたほうがいい」「ここまで赤字になる前に、なんでなんとかしなかったの!?」と、無責任な言葉を安易にぶつけ、責めてばかりいました。

そんな中、「店を閉めるくらいなら、死んだほうがマシ」と母がつぶやいた時、私は胸に突き刺さるものを感じました。

この言葉が私の頭から消えず、「なんとかしたい」、いや、「なんとかしなければ」とスイッチが入りました。「いったい私に何ができるだろう」と悩んでいた時、ふとあることに気が付きました。


私がカラースクールに通っていた頃、自分に似合う色を知り、その色の服を着るようになって、今までと人生ががらりと変わりました。まったくモテなかった私が、男性から興味を持ってもらえるようになったこと、仕事の面接がうまくいくようになったこと、安い服にもかかわらず高級そうな服に思ってもらえたこと。

身に着ける色を変えただけなのに、まるで別人のように相手から褒めてもらえるようになり、存在を認めてもらえるようになったのです。


この経験から、実家の店も色を活用したら繁盛店になるかもしれない、お客様が戻ってくるかもしれないと思いました。人も店も形があるものだから同じはずだと、直感的に感じました。

「店を変えたい。私に任せてくれる？」と、母に許可を求めると、「もうだめだと思ってたんだから、可能性があることはなんでもする」との返答。そこから心機一転、焼肉店を閉じ、もつ鍋屋としてスタートすることにしたのです。

看板、内装、メニューブック、料理、スタッフのユニホーム、ショップカード、トイレなど、とことん色にこだわり、再出発のための色彩戦略がはじまりました。

その結果、私の人生が色で自信をつけ、変わったのと同じく、お店も黒字経営を続け、現在では週末は予約が取りにくく、他府県からもご来店いただける店へと成長し、２店舗目をオープンさせるまでになりました。

母は、「色のおかげや、色は神様や」と言うぐらい、色の大切さを感じています。

本書を手に取った皆様は、お客様を増やしたい、売上を伸ばしたいと思っているでしょう。そこでもし、お客様が来ない理由を「不景気」のせいにしているなら、間違いです。不景気でもはやっているお店はたくさんあります。不景気だからこそお客様はお店を選ぶのです。はやっているお店は、お客様の記憶に残って選ばれるお店です。

では、「記憶に残る」とはどんなことでしょうか。少し考えてみましょう。

あなたが、今までに見た美しい景色、もしくはおいしかった料理（もう一度食べたい料理）を思い出してください。どんな料理だったでしょうか。

次に、今まで旅行した場所で、残念だった景色、もしくはおいしくなかった料理（二度と食べたくない料理）を思い浮かべてみてください。

どちらのほうがすぐに思い浮かんだでしょうか。

きっと、前者のほうがすぐに思い浮かんだのではないでしょうか。しかも、映像としてリアルに思い出せたはずです。

私たち人間は、感動したものは色褪せない映像として鮮明に記憶に残します。ですから、自分には色のセンスがない、色の知識がないといって諦めないでください。

自然や街には配色のお手本となる景色や素材がたくさんあります。美しく感動した景色、自分が好きだと思ったものはいつまでも記憶に残ります。それを、お店づくりやメニューに活かすことができるのです。

本書ではあなたが「きれい、美しい」と記憶に残した色、その色を少し活用するだけで、特に女性客に喜んでもらうための色の活用の仕方をお話しします。女性客を集客し、リピーターにすることは、繁盛飲食店のキーワードです。本書を読み進めるうちに、その点もご理解いただけることでしょう。

あなたとあなたのお店が彩り豊かに繁栄するように、本書が活用されることを願っております。

Contents

『繁盛飲食店だけがやっている　あなたの店を女性客でいっぱいにする「色彩」のしかけ』

2章 女性客を増やす色のチカラ

3章 看板・入口が記憶に残る店は繁盛する

4章

メニューブックの色を工夫して注文率をアップする

5章

女性客を満足させるメニューづくり

6章 色を使った店づくりで「こだわり」を伝えよう

7章 飲食店はとことん色を活用しよう！

◎表紙デザイン　ムーブ（新田由起子）
◎本文デザイン・ＤＴＰ　ムーブ
◎本文イラスト　大野文彰

1章

あなたの店を女性客でいっぱいにする色彩効果

01

女性客を増やして繁盛店になろう

人間の視覚で見分けられる色の数は、約1000万色といわれています。

これには男女差があり、男性は約750万色～1000万色、女性は約1000万色～1200万色の色を見分けられます。男性よりも女性のほうがはるかに多くの色を見分けることができるのですね。つまり、女性は感性豊かで、色にとても影響されるのです。

ですから、飲食店で女性客を集めるために、色を活用して女性の心をつかんでください。

色には、食欲がわく色もあれば食欲を減退させる色もあります。いくら料理にこだわっていても、お店の外観や内装の色が暗かったり、印象が悪かったりすると「おいしくないのでは」と判断されてしまうのです。

色は言葉よりも早いスピードで、イメージや具体的な物事を連想させます。

例えば、2つ並んだ水道の取っ手。赤い色はお湯、青い色は水が出てきます。また、トイレ案内のプレートは、黒は男性、赤は女性というように、私たちには無意識に色の特性やイメージが刷り込まれており、そのメッセージを受け止めているのです。

赤やオレンジ色の洋服を着ている人は活発な人に見えたり、薄いピンクの洋服だと優しい印象に感じたり、たとえ同じ人物であっても、身に着けている色によって印象の受け方が違います。色によって、きれい、かわいい、かっこいいと感じ、判断しているのです。

このように私たちの生活において、無意識に色の情報が役立っていることがたくさんあります。それらの効果を、お店で活用するのです。

ですから、女性客を増やしたいのであれば、女性が集まっているお店に行ってみたり、女性に人気のある料理本を見てメニューづくりや盛り付けを参考にしたり、インテリア雑誌で女性が好む家具や小物を見たりして、お店に役立つ情報を収集しましょう。

これらにはすべて色があるので、女性が好むイメージや雰囲気の色の傾向がつかめます。ご自身でその雰囲気や感覚を感じてください。

色を学ぼうとすると、ハードルが高く感じるかもしれません。そこで、実際にお店に出向いたり、雑誌の写真から参考になったものの中から、**あなたのお店の雰囲気に合う料理やお店のインテリアがあれば、それを真似ることからはじめてください。**

あなたがおいしそうに感じた料理の写真や、おしゃれだなと感じたインテリアはきっと色を効果的に使っているはずです。それをあなたのお店に活かすのです。

すぐに結果が出ないかもしれませんが、徐々にあなたのセンスも磨かれて、女性客が増えてくると、自信が持てるようになります。前向きに楽しく色を意識していきましょう。

私が「色彩効果で売上向上」セミナーの参加者様に必ずお伝えしていることがあります。**「色はお客様に喜んでもらうために使うものである」**ということです。

すなわち色は、あなたのお客様に対する心配りであり愛情でもあるのです。そのことを念頭に置いて、これからの色の活用を考えていってください。

02

女性客が増えるとメリットもたくさん

色の活用方法を考えていく前に、飲食店で女性客が増えるとどんなメリットがあるのかを紹介します。和食、洋食、カフェなど、あなたのお店がどんな種類の飲食店でも、女性客を増やしたくなる理由が出てくると思います。ぜひ、あなたのお店のお客様に当てはめて、イメージしながら読んでみてください。

女性は自分へのご褒美が多い

夫のお小遣いにはシビアでも、友人とのランチはぜいたくに楽しむ主婦たちの話をよく聞きます。これは家事や子育てや仕事に対する自分へのご褒美だそうです。

独身女性の場合も、ハードな仕事を終えると、自分で「よく頑張った！」とブランド品をご褒美として購入したり、普段よりもちょっと高級なお店で食事を楽しんだり、いつものお店に行ったとしても少し豪華なメニューを注文したりします。

女性は普段は節約していても、自分へのご褒美には奮発してお金を使うという傾向があるのです。自分へのご褒美にはお金に糸目をつけません。

働く女性のための情報紙『シティリビング』（http://www.sankeiliving.co.jp/research/ol/064.html#q1）によると、女性の普段のランチにかける妥当な金額の平均は９５８円で、上限金額は２６４２円だそうです。

しかし、自分へのご褒美など、特別な日のランチであれば、この上限金額を上回るそうです。このような女性の行動を知ると、ご褒美メニューやワンランク上の特別プランをつくるなどして、店の客単価を上げる工夫をすることができますね。

女性にはご褒美や特別な日がたくさんある

普段

いつものランチは100円の差でも安いほうを選ぶ節約家でも……

ご褒美

自分の頑張りへのご褒美や、特別な日には奮発して、
高い食事や買い物をします。
しかも女性はご褒美や特別な理由を見つけるのが得意

女性は複数人で食事を楽しむ

近年、「おひとりさま」が増えているといいますが、基本的に女性は男性と比べると一人での外食が苦手な方が多いでしょう。

特に男性客が多いラーメン店、牛丼屋、居酒屋は女性が一人で入るのには、かなり抵抗があります。女性は、自分がさみしい人だと思われていないかなど、周りからの目をとても気にするからです。

また**女性にとって食事は、コミュニケーションとしての役割があります。**友人との会話を楽しみ、非日常的な空間の中で、共感し合い、味わいたいのです。

だから**女性客は数名であなたのお店に来店します。**つまり、女性客が増えると総来店人数が増えるのです。つまり、1組の客単価がグンと上がります。

そして、あなたのお店が女性客に気に入ってもらえると、総来店人数が増えた分、口コミ数もアップします。すると、潜在顧客（見込み客）が増える可能性があるのです。

女性客が増えると男性客も増える

男性が女性を食事に誘う場合、女性が喜びそうなお店をリサーチして決めることが多いようです。実際、私がＯＬだった頃、上司に連れて行ってもらったお店は、奥様やお嬢様が気に入っているお店というパターンが多かったです。

お店のセンスがよくて、店内も清潔感があり、お料理もおいしい。**男性は女性の好みやリクエストに合わせてお店を選びます。**つまり、あなたのお店に女性ファンが増えると、それを知った男性客にも選ばれる確率が高くなるのです。

女性は育てるのが好き

女性は感情を大切にしますから、自分が気に入ったものには、深い愛情を注ぎます。

さらに、それがまだあまり知られていないようなものなら、なおさらその気持ちが強くなり、「私だけが知っている」「私だけのお気に入り」という特別感が増します。

例えば、おいしいお菓子を見つけると、「私のお気に入りなの」と友人へプレゼントしたり、店員さんの印象がいいと思ったら、同じ商品を扱っているお店が近くにあっても、わざわざその店員さんがいるお店まで買いに行き、ひいきにします。

さらに、外観やインテリアが気に入った店ならば、「ぜひ、友人を連れていきたい」という気持ちが膨らみ、「とっておきのお店」として紹介するのです。**気に入ったお店には愛着を感じ、「私の好きな店」「特別な店」として、育てる感覚で口コミしてくれる**のです。

女性客が多いと店が華やかになり、かつ、お店が汚れにくい

女性客が多いと、お客様の洋服の色、バッグや靴の色などで明るく華やかに感じます。これは、想像以上に大きな効果があります。**女性客が多いというだけで、そのお店の雰囲気全体が明るく楽しく感じられる**からです。それに、女性は女性客が多いお店には入りやすいものです。

また、日頃家事をしている人が多いからか、女性は食べたお皿をまとめたり、テーブルを汚さないように気をつけたりして、店内をきれいに使ってくれる傾向があります。つまり、女性客が多いとお店が汚れにくいのです。店としては、掃除の時間が節約されるメリ

ットになります。

女性はどんどん口コミをする

女性は友人や家族と集まって食事をするのが大好きです。近況報告をしたり、悩みを相談したり、さらには愚痴などを聞いてもらってすっきりするなんてことも。

その話題には、使ってよかった商品、安くてお得なお店、もちろん、おいしかった飲食店の話など、情報は尽きることがありません。これぞ女性の口コミのパワーです。

実際に自分が経験したり、試した情報には、かなりの説得力があります。女性の表現力は豊かなので、それを聞いた相手は、すぐにでも使ってみたくなったり、行ってみたくなるのです。

しかも、**他の人から聞いた「おすすめ情報」も話題に上がる**ので、口コミの話題は想像できないほど広範囲になる場合もあります。

この宣伝力、口コミはとても大切なキーワードなので、次項で詳しく解説します。口コミが女性客を増やす最大のメリットといってもいいでしょう。

女性の口コミ表現は色褪せない

さらに女性は、**視覚に残った情報をいつまでも新鮮な状態で記憶に残す**ことができます。例えば1年前、いや、3年前に行ったお店の様子も、まるで昨日行ったかのようにリアルに話すことができるのです。

「大きなお皿にいろいろな種類の前菜が並んでいて、すごくきれいな色だった」

「木の廊下がぴっかぴかで、ごみひとつ落ちていないほどきれいだったよ」

「スタッフがみんな男前でテンションが上がったよ」

メニューやお店の名前は覚えていなくても、うつわや盛り付けられていた食材、雰囲気や人のことをリアルに話します。

話を聞いた相手も、それがたとえ1年前、さらには3年前の情報であっても新鮮に感じることができるのです。それほどに女性の口コミは、信用と説得力を相手に与えます。

いかがですか？　このような理由から、女性客が増えるとあなたのお店の売上の鍵を握っているのは女性客といっても過言ではありません。

03

女性の口コミは相手の心を即動かす！

口コミは大切なキーワードなので、ここで掘り下げて考えてみましょう。

改めて、「口コミ」とは、人から人に伝えられる噂や評判のことです。**よい口コミは、お店にとっては宣伝費がかからずに、見込み客の心を動かし来店を促すので、費用対効果の高い販売促進**となります。

女性に特化したマーケティング事業を行なう株式会社ハー・ストーリィの口コミに関する調査によれば（http://www.herstory.co.jp/press/research/200901/kuchikomi-effect.

女性の口コミはどんどん広まっていく！

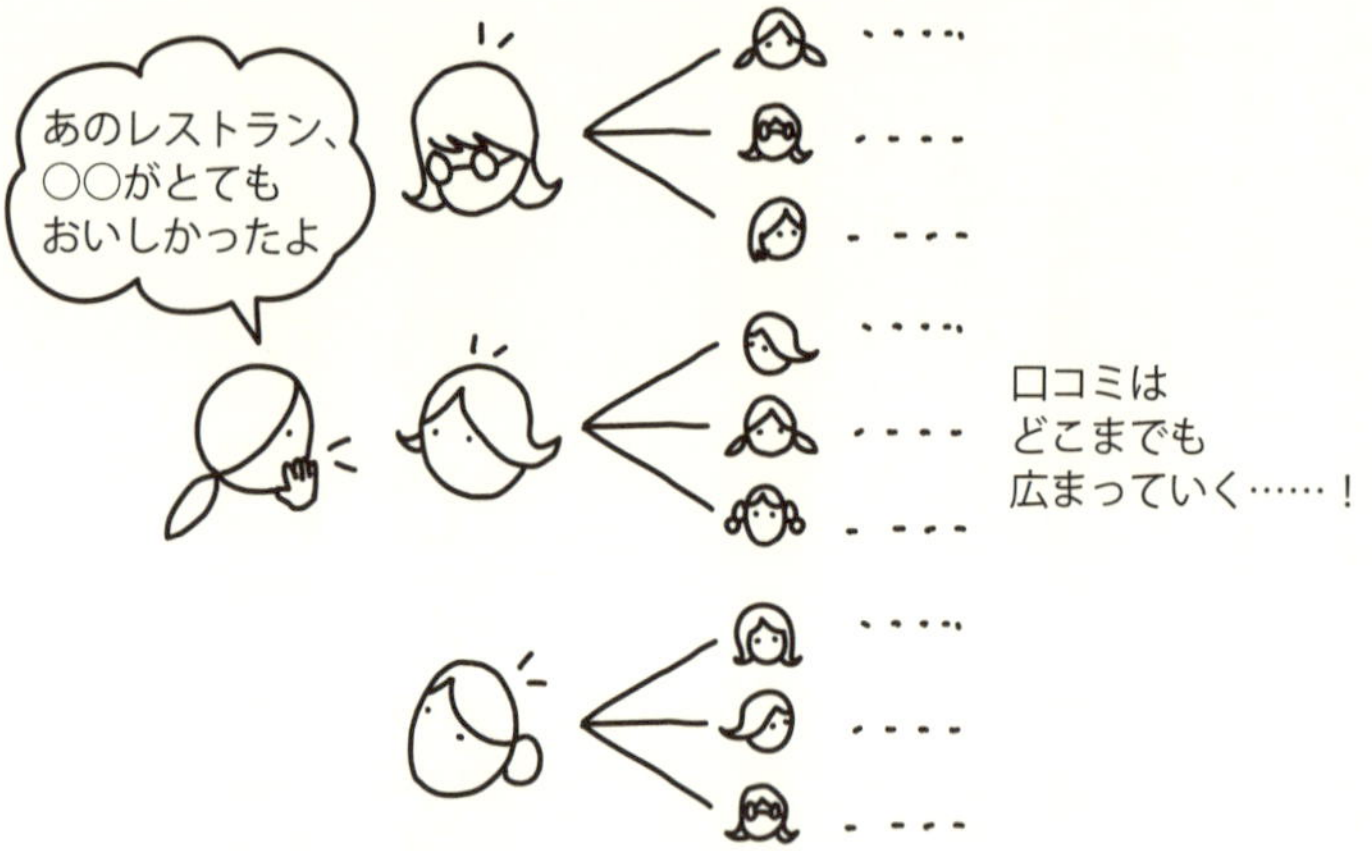
あのレストラン、
○○がとても
おいしかったよ
口コミは
どこまでも
広まっていく……！

html)、「口コミで情報を得ることがよくある」と答えた人が、男性では35％だったのに対し、女性は54・8％もいたそうです。

さらに「口コミで情報を伝えたことがある」のは、男性が6～7人に1人なのに対し、女性は約3人に1人という結果だったそうです。比率のみで比べると、女性は男性の2倍以上の割合で「口コミ情報を伝える」と考えられます。

この結果からいえることは、**口コミを発信する情報源は女性**であることが多く、また**その情報を受け取るアンテナを張っているのも女性**が多いということです。

私が口コミを起こしたイタリアンバルが

あります。

料理やお店の雰囲気がよく、私が行った日も店内はとても混み合っていました。シェフは忙しいにもかかわらず、料理の説明をしてくれたり、メニューに迷っているとおすすめを教えてくれたりと、気配りが最高でした。しかも帰り際は、外まで出て来て見送ってくれたのです。

このシェフの丁寧な接客に感動した私は、いても立ってもいられなくなり、友人たちにお店の話をしました。その後、何人もの友人がそのお店に行って、新しいファンとなったと聞きました。

今やブログやSNSなどで、感動したお店について、その感想をタイムリーにつぶやいたり、発信することができます。

それだけに女性客を喜ばせることは、大きな宣伝効果になるのです。

女性の口コミは、某大な宣伝広告費をかけるよりも、かなり説得力のある、しかも費用のかからない販促となります。

ちなみに、クレームの場合も同じです。ただ、マイナス面はオーバーに発信され、かつ、広がるスピードも速い傾向があるので要注意です。

ですから、あなたのお店を女性客でいっぱいにするために、女性の起こすよい口コミを利用しない手はありません。しかし、女性の口コミを相手の心を動かす素晴らしい販促にするためには、しかけが必要です。

女性は理屈や理論で物事を説明するのが苦手で、**感覚やイメージにしたがって説明や会話をするのが得意**です。

例えば、気に入った洋服や鞄を購入すると、「レーヨン素材のワンピースを見つけたの」「NASAで開発された軽量素材のA4サイズが入る鞄を買ったの」などとは言わずに、「ピンクのレースが付いているテロっとした可愛いワンピースを見つけたの。着るとお姫様気分だよ」「○○ブランドの新作のかっこいいベージュの鞄を買ったよ。出張にも使えそうだから一石二鳥だよ」という具合です。

また、道を聞かれても正確にわかりやすく説明できる女性は少ないといいます。

「真っ直ぐ行って、1つ目を左に曲がるんだったかな？　いや、2つ目だったかな？」と、説明が曖昧になりがちです。

しかし、視覚からの情報で記憶に残っているものがあると、「真っ直ぐ行くと、青いベンチを飾っているお店があって、そのお店の角を左に曲がると、赤い扉の家が見えるので……」というように、詳しく説明できます。

このように女性は、特に記憶に残った色があると、上手に説明ができるのです。

そこで、お店にとって大切なことは、**女性の記憶に残る色を使用すること**なのです。サービスの質や料理のおいしさ、盛り付け、お店の雰囲気などが記憶に残る際には、色が大きく影響することを知ってください。

色彩効果は視覚からの情報として女性の記憶に残りやすいものです。あなたのお店も色で記憶に残り、女性の口コミを起こすことが、集客の強い味方となるでしょう。

04

女性は見た目と雰囲気でお店を選ぶ

ここで、女性のお客様の飲食店の選び方を考えてみましょう。そもそも、**男性と女性とではお店の選び方が違います。**

男性の場合、飲食店に行くことは単純に「食事をすること」が目的です。食べたい料理があるか、お腹を満たすことができるかで、お店を選ぶことがほとんどでしょう。

一方、女性にとって食事に行くという行為は、ただ単にお腹を満たすためばかりではなく、一緒に行く相手とのコミュニケーションを楽しむ時間であったり、お店の雰囲気やセンスを味わってモチベーションをアップすることにつながります。また、くつろいで癒され明日への活力にする時もあります。

また、恋人とのデート、記念日を祝う場、自分へのご褒美、さらには女子力アップのためといった、非日常的な時間を楽しむ特別な場合であることも多いでしょう。

ですから、**女性にとっては、お店の雰囲気、センスも大きな選択の条件**になります。ある時は、料理よりも優先されるほどです。

以前、友人から次のような誘いがありました。

「早苗、パリのカフェみたいなかわいいお店を見つけたの。今度行ってみない？　壁がアイボリーで明るくて、ナチュラルな色の家具で統一されていて、テーブルクロスは赤と白のギンガムチェックでかわいいの。壁に飾られている小さな絵や食器はカラフルで、とてもセンスがいいの！　早苗好みの店だと思うよ。料理ももちろんおしゃれでおいしかったし！」

この友人から話を聞いただけで私は、すぐにお店に行ってみたいと思いました。

私もそうですが、女性の友人を見ていていつも感じることは、女性がお店を選ぶ場合、まずは入りやすい外観、きれいでおしゃれな空間および雰囲気、そしてオーナーやスタッフの人柄、その次に料理に注目するという順番だということです。

例えば、男性ならお店の看板に、「早い、安い、うまい」というフレーズが付いていたら、ひかれる方が多いでしょう。

しかし女性は、「早い、安い、うまい」にひかれてお店を選ぶことはほとんどありません。なぜならば、「きっとお店が汚い」「店のインテリアにこだわりがないだろう」「あまりよい食材を使っていなさそう」「うつわにセンスがなさそう」「接客が雑そう」などのイメージがわくからです。

ただ安くておいしいお店よりも、おしゃれでセンスがいい、自分好みのお店にひかれるという**「見た目」の説得力が必要**なのです。

また女性は学ぶことが好きです。

資格取得に趣味、教養など、習い事やカルチャースクールの生徒には女性が多くいます。私が運営しているパーソナルカラーを学ぶスクールも受講生の8割が女性です。

「女性は男性と比べて時間があるからスクールに通っている」と思っている方、それは大きな間違いです。女性は自分磨きに時間やお金を惜しまないのです。もっと学びたい、もっと楽しみたい、もっときれいになりたい、もっと素敵な男性と知り合いたい……と、とても欲張りなのです。

ですから、女性がセンスのいいおしゃれなお店を好むのは、ただ食事をするだけではなく、テーブルコーディネートを真似したり、うつわや盛り付けを参考にしたり、インテリアのセンスを学びたいと思っているからです。**食事をしながらセンスを学べる**というお得感もポイントのひとつなのです。

女性は、見た目や雰囲気のよさに心をつかまれる性質があるのです。

05

店舗イメージカラーがあると思い出してもらいやすい

以前、私が仕事仲間と中華料理店に行った時のことです。私たちがランチを食べる飲食店を探して繁華街を歩いていると、ふと赤い扉が目に留まり、吸い寄せられるようにお店に入ったことを覚えています。赤い扉を開けて店内に入ると、私たちは驚きました。壁も天井も床もすべて赤だったのです。

席に座り、さらに驚いたのが、おしぼりも赤、コースターも赤、メニューブックも赤だったことです。さらにさらに、トイレも赤でコーディネートされていて、なんと便器までもが赤でした。

あとから知りましたが、「店内がすべて赤色」という面白いお店として、雑誌でも紹介されていたようです。

なぜ赤にこだわっているのか店内を観察してみると、ところどころに赤いとうがらしが飾ってあり、ほとんどのメニューにとうがらしが使われていることに気が付きました。

いまだにお店の名前は覚えておらず、私と知人の間では「赤いお店」と呼んでいます。「今度、どこにご飯食べに行く？」「あの赤いお店はどう？」と言うぐらい「赤いお店」で定着しています。また、「赤いお店」を話題にすると、知らない友人にも興味を持ってもらえたりするのです。

おわかりのように、この中華料理店のイメージカラーはとうがらしを連想させる赤です。この例は極端ですが、お店のこだわりや特徴をイメージカラーで表わすと記憶に残りやすく、思い出してもらえるのです。

ですから、まずは**店舗イメージカラーを決めて、それを印象付ける必要**があります。

イメージカラーを決めておくと、看板、チラシ、ユニホームなどにも応用して使うことができるので、それらをつくる時の色の失敗がなくなります。

また、イメージカラーが決まると、お店の統一感が得られるので、イメージで物事を覚えることを得意としている女性の記憶に残りやすいお店になります。色がごちゃごちゃして統一感がないと女性から覚えてもらいにくいですが、イメージカラーがあると他店との差別化ができます。

しかし、イメージカラーを決める時は、慎重に決めましょう。

お店のコンセプトを明確にし、その**コンセプトにふさわしい色**にしなければいけません。前述した「赤いお店」のように、メインの食材があるのであればその食材から連想できる色に決めることもできますし、ターゲット、価格、お店の想いなどを書き出して、そのイメージから連想する色を見つけ出す方法もあります。

決まったら、なぜこの色がイメージカラーなのかを、お客様に聞かれたらすぐに答えられるようにしましょう。ホームページにもイメージカラーのコンセプトなどを記載すると、お店のこだわりが強調され、行ってみたいお店と感じてもらうことができるでしょう。

イメージカラーはスタッフの意見も聞いて一緒に決めると、色に愛着がわき、自分のお店をどんどん宣伝したくなります。イメージカラーの決め方は2章2項で解説します。

06

「わぁ〜！　きゃー！すごい！」で女性客を喜ばせよう

私が高校時代によく通ったお好み焼き屋があります。最初のきっかけは友人からの誘いです。

「早苗、オムライスがおいしいお好み焼き屋さんを見つけたよ。今度行こう！」

お好み焼き屋なのになぜオムライスなのだろう？　と不思議に思いつつ、どんなオムライスなのかを尋ねると、友人は興奮気味に話してくれました。

「オムライスの中に生玉子の黄身が入ってるの。スプーンですくったら黄身がトロ〜っと出てきて、これがめちゃおいしいの！」

この話を聞いた瞬間、私の頭にはおいしそうな玉子の黄身の色が浮かび、すぐに友人に連れて行ってもらいました。

見た目はごくごく普通のオムライス、チキンライスを玉子で巻いているスタイルでした。ところが、スプーンですくった瞬間、玉子の黄身がトロ～っと出てきたのを見て、「わぁ～！　きゃー！　すごい！」と声を出して喜んだことを今でも覚えています。

友人と同じく、私もこのオムライスのことを興奮して家族や別の友人に話したのはいうまでもありません。

20年以上経った今でも、オムライスの話題になるとこのお店が真っ先に思い浮かびます。偶然にも先日、関西のローカルテレビ番組で、このお好み焼き屋さんのオムライスが取り上げられていました。

スタジオの女性ゲストは皆さん口を揃えて、あの時の私のように、「わぁ～！　おいしそう！　食べたい！　行きたい」と言っていました。

女性は意外性やサプライズに心をつかまれ、そのお店に行きたくなったり、食べたくなったりするのだなと、改めて実感しました。

ちょっと大げさかもしれませんが、まるでおもちゃ箱から宝物が見つかった時の気持ちに似ているかもしれません。ワクワク、ドキドキする気持ちです。

このことから考えると、女性を喜ばすためには、ちょっとした工夫やアイデアを心掛けることが必要です。つまり、遊び心が女性客を喜ばせるのです。料理やお店の中に遊びを取り入れるように意識してみましょう。

お店のインテリアでも、「わぁ～！　きゃー！　すごい！」と、感動した出来事がありました。私のお気に入りのフレンチカフェの話です。

このお店は、1階と2階はブラウンを基調としたインテリアで、落ち着いた雰囲気なのですが、3階がまったく別のイメージになります。3階は、アイボリーの壁と薄い紫のソファがあって、壁には可愛い絵が飾ってあります。まさに女性が好みそうなロマンティックな雰囲気です。

私は、この3階に案内された瞬間、「わぁ～！　きゃー！　すごい！　かわいい！」と驚き、声を出してしまいました。

なぜ驚いたのかというと、それは**ギャップ**によるものでした。

ブラウンの落ち着いたイメージで構成されていると思っていた店内が、3階だけはまったく違ったイメージだったことへの驚きです。

この2つの例で出てきたキーワード、**「わあ〜! きゃー! すごい!」**。

実はこのセリフを女性客に言わせることが、あなたのお店を女性客でいっぱいにする第一歩となるのです。

女性客が驚き、喜び、記憶に残る色のしかけは、繁盛店に必ず必要なものです。2章以降で具体的にその方法をお伝えします。

2章

女性客を増やす色のチカラ

01

ターゲットの絞り込みはお店のファンづくり

あなたは「はやっているお店」はどんなお店だと思いますか？

店内がおしゃれできれい、料理がおいしい、とても安い、接客態度がよい……など、いろいろなイメージが出てくると思います。

それら「はやっているお店」には共通点があります。それは、お店が設定する**「来て欲しいお客様ターゲット」が明確**なことと、実際に**そのターゲットのお客様がその店に「行きたい」と思っている**こと。ここが一致すると、「はやっているお店」になるのです。つまり、ファンの囲い込みができているのです。

あなたのお店もターゲットを絞り込んで、誰に来てもらいたいのかを明確にすることが大事です。このターゲットの絞り込みは、できるだけ具体的に考えてください。

例えば、20代の独身サラリーマンで食欲旺盛な方、30代のＯＬでおいしいものが大好きな方、40代の既婚サラリーマンで仕事帰りにちょっと一杯お財布にも安心して飲みたい方、接待に使えるお店を探しているワイン好きなキャリアウーマン。

このように落とし込んでいくと、メニューをつくる際にも、誰に食べてもらいたいのかが具体的に思い描けるので、あなたの店に来て欲しいお客様が好むメニューをつくることができます。


ターゲットを絞り込まず、不特定多数を狙ってしまうと、膨大な数のメニューを揃えなければならなくなり、コストも上がり、その料理が売れなければ食材が無駄になるという悪循環に陥ります。大手チェーン店でない限り、そんなリスクを背負ってしまうと、赤字になってしまいます。

どのような方に料理を食べてもらいたいのか、食事代金はお一人どれくらいで満足してもらえるのか、ターゲットへのお店の「売り」メニューは何なのか、きちんと明確にすると、あなたのお店の最高のターゲットが明確になるはずです。

ターゲット設定では、まずは男性か女性かを決めましょう。男性に支持されるメニューと女性に人気があるメニューは違います。

次に、20代、30代、40代、50代と年齢層を分けていきます。独身、既婚、子供のいるいないによっても違うでしょう。

会社員なのか経営者なのか、主婦なのか学生なのかによっても提供するメニューやサービスは違ってきます。

また、一人でふらりと立ち寄る店なのか、それとも数名で来店して欲しいお店なのかによっても、料理や価格、サービスが変わってくるはずです。

ターゲットを明確にすることがいかに重要か、私が身にしみて感じた体験がありました。

20年前、私の母親は地元近くで和牛焼肉店をオープンしました。オープン当初は平日でも行列ができるほどの繁盛店でした。しかし、4、5年ほど経つと次第にお客様が減ってきたのです。

その時期、近くに大手チェーンの焼肉食べ放題のお店ができました。店主である母は、「大手の焼肉店ができたから、うちに客が来ないんだ」と言って、客が減った理由を外部のせいにし、自店の問題に目を向けようとしませんでした。

「大手の焼肉店がはやっているのなら、うちとどこが違うのか見に行こう」と言っても、「そんなん行ってもわからないよ。うちの店がおいしいってわかってくれる人だけが来たらいい」とますます頑固になるばかりです。

しかたなく、私一人で偵察に行きましたが、正直、材料の質も、味付けも母の店のほうがおいしく、値段だって安いくらいなのです。結局、その時は、客数減少の原因はわからないままでした。

一方、実家の店では、客が減り出すと、来店したお客様に過剰なサービスでアピールするようになりました。たまたま来店されたお客様から「イカやホタテとか置いてないの？〇〇の焼肉店は置いているのに」と言われると、母は、お客様の言いなりになり、来るか来ないかわからないお客様のために、海鮮を仕入れるようになったのです。

それだけではありません。味付けに対しても、おいしいという人もいれば、辛いだの、薄いだの、いろいろ言われるようになったのです。

母はその都度、お客様の要望に対応していったのですが、お客様の要望もエスカレートするようになりました。次第に母は、自信がなくなり、どの味がおいしくて、どの味が辛いのかわからなくなってしまったのです。

特に年配男性客からの味付けの要望は大変だったのですが、今思うと、焼肉店は50代、60代の男性が一人で来ても売上なんて上がらないのです。

やはりターゲットは、食べ盛りの男子がいる家族、もしくは20代の男性会社員で、その層に向けてメニューをつくり、価格設定をしていけば、お客様の好む味のメニューやサービスができ、お客様が望む店をつくることができたのです。

しかし、残念なことに、これに気付いた時はすでに遅かったのです。ターゲットが定まっていなかっただけに、何をどう改善すればいいかまったくわからない状態になっていました。この出来事が、私が色で店を改善していくきっかけになったのです。

02

ターゲットを集客するための色の工夫

少し想像してみてください。激安スーパーが使用している色と、高級スーパーが使用している色は違いますよね。

激安スーパーは赤やオレンジ色、黄色などの目立つ色を看板や店頭に使っており、賑やかで入りやすい印象のお店が多いです。一方、高級スーパーは黒やえんじ、茶色などの濃く深みのある色で落ち着いた色を使っており、品質がよいものを売っていそうな印象です。

外観からの雰囲気で安いか高いかがわかるので予算や品質、その時に買いたいものに応じて買い物をする人が多いのではないでしょうか。

色を見て値段が安そうとか、高そうと判断するのは、私たちは**過去の記憶や経験**から、赤やオレンジ色、黄色などの派手な色には親しみを感じて気軽な印象のものが多かったり、黒や深みのある濃い色には高級なものが多いと認識しているからです。個人差はありますが、**色を見て連想するイメージや感情は共通することが多い**のです。

ですから、あなたのお店も色を上手に使って表現すると、どんなお店であるのか、お店のイメージがお客様に正確に伝わるので、大きな訴求力になります。

あなたのお店が提供する料理、扱う食材、価格帯を考慮して、お店にふさわしい色は、明るい色がいいのか、濃い色がいいのかを考えてみましょう。

価格が安いにもかかわらず、深くて濃い色で宣伝してしまうと、お客様に高いお店だと勘違いされてしまいます。

反対に価格が高いにもかかわらず、明るく派手な色を使用すると、提供している料理の価値は印象に残らず、「高い店」というイメージが先行し、店の印象が悪くなります。

料理は不思議なもので、先に視覚で安そうな印象が入ってしまうと、いくら高級な料理で味もおいしくても、がっかりしてしまうのです。お店の雰囲気も「料理」とみなされてしまうのです。

ですから、お客様に納得してお店に入ってもらい、あなたの料理を食べてもらえるかは、打ち出す色がとても重要なのです。

男性のお客様がターゲットの場合は、中華・和食・カレーなど、何のお店であるのか色でわかることが重要です。一方、女性の場合は、お店の雰囲気・イメージ、例えば、ナチュラル、モダン、南国風など、その店のテイストを感じて、自分の好みと合うかどうかで、入店するかどうかを判断します。

つまり、女性の場合はメニューよりも、お店から感じるイメージで選ぶことが多いのです。女性客を集客するためには、色を含めた店の雰囲気づくりを重視しましょう。

次ページに、あなたのお店のイメージカラーを決める際に役立つ「イメージカラーを考えるシート」を掲載します。シートを記入し、お店のカラーを決めましょう。また、その際に役立つ「飲食店が知っておきたい色の基礎知識」についてもまとめました。この資料を基に考えると、あなたの店のイメージカラーや活用したい色が見つかると思います。本書でこれからお伝えするノウハウの参考としても、必要な度に見返してみてください。

●あなたのお店を国でたとえるとどこですか？　その国の国旗は？

●これまでの質問の回答を踏まえ、あなたのお店の料理や雰囲気から連想する色はありますか？
ここからイメージカラーを決めましょう。

＊メインカラー

＊サブカラー

●あなたのお店から連想した色（イメージカラー）を何に使いたいですか？（例：看板、外装、扉、壁、うつわ、テーブルクロス、ユニホームなど）

あなたのお店のイメージカラーを考えるシート

●あなたのお店が提供するのはどんな料理ですか？

●あなたのお店のコンセプトは何ですか？

●あなたのお店のメインターゲットは誰ですか？

●あなたのお店はどんな雰囲気ですか？　お客様に「○○な店」と紹介される時に、何と言われたいですか？

●一人当たりの客単価は？（他店と比べて安いか高いか）

例えば、ピンクは赤のグループ、水色は青のグループというように分類できるのです。


色相とは、赤、黄色、青などのような色み、色合いの違いを指します。同じ色相でまとめると、同系色のグループができます。

例えば、

赤のグループ………赤、ピンク、ワインレッドなど
オレンジ色のグループ
………オレンジ色、ピーチ色、茶色など
黄色のグループ……黄色、クリーム色、からし色など
緑のグループ………緑、黄緑、オリーブ色など
青のグループ………青、水色、紺など
紫のグループ………紫、赤紫、ラベンダー、藤色など

色を組み合わせる時、同系色でまとめると、共通性が感じられ、統一感が出てまとまりやすい色の組み合わせになります。


色相の違いを系統的に時計回りに赤→オレンジ→黄→緑→青→紫→赤のように、徐々に変化していくように円環状に並べたものを色相環といいます（巻頭カラー１ページ）。

色相環上で、隣り合う色同士や近い場所にある色同士も同系色の配色と同じく、比較的統一感があり、まとまりやすい配色になります。

また、３色以上の多色配色で、色が規則正しく段階的に変化したものをグラデーションといいます。例えば、赤×オレンジ色×黄色、黄緑×緑×青という組み合わせです。

飲食店が知っておきたい色の基礎知識

▶色の基礎知識

無彩色と有彩色

色は大きく無彩色と有彩色の2種類に分けられます。

無彩色……白、黒、グレー（色みの特徴を持たない色）
有彩色……赤み、青み、黄みなど、少しでも色みを感じるすべての色（白、黒、グレー以外の色）

モノクロ写真が無彩色で、カラー写真が有彩色といえます。同じ風景を撮っても、モノクロ写真を見て「きれい」「美しい」などといった感情がわきにくいように、白、黒、グレーは感情を持たない色です。一方、カラー写真を見ると、心が動かされるほど感動することがあります。また、白、黒、グレーは有彩色を引き立たせてくれる色になります。

色の三属性

同じ赤でもリンゴとイチゴの色は違います。同じように茶色でも、ブラックコーヒーとミルクコーヒーの色は違います。同じ色のグループであっても色みや色の明るさ、色の鮮やかさの違いによって、たくさんの色が存在します。それらの色は3つの特徴によって整理できます。3つの特徴とは、色相、明度、彩度のことで、これらを「色の三属性」といいます。この3つの違いによって、各色の個性やイメージが変わります。この三属性を次に説明します。

Ⅰ 色相 ……**色み・色合い**（赤み、黄み、青みなど）

たくさんの色を仲間分けする時、赤系のグループ、黄色系のグループ、青系のグループといったように色別で分けることができます。

ルしたい場合は寒色系をうまく使って表現をしましょう。

色が変わると重量感、質感が変わる

白がたくさん入った明度が高い色は、軽く、柔らかく見せる効果があります。一方、黒がたくさん入った明度が低い色は、重たく、硬く見せる効果があります。

重たい色や軽い色は安定感を左右します。天井を暗くすると圧迫感を感じますが、床を暗くすると安定した空間になります。

店舗内や個室の空間を広く見せたい場合は、壁の色を薄く明るい色にするとよいでしょう。

色が変わると距離感が変わる

進出色……彩度が高い色の暖色系→赤、オレンジ色、黄色など
後退色……彩度が低い色の寒色系→青緑、青、青紫など

白や黒、グレーが混ざらない鮮やかな暖色系である赤、オレンジ色、黄色は進出色といい、それ以外の色と同じ距離にあっても、近くにあるように見え、注目されやすい効果があります。

一方、寒色系である青緑、青、青紫は後退色といい、遠くにあるように見えるので、注目されにくくなります。

目立たせたいものには鮮やかな赤、オレンジ色、黄色を使って効果を出しましょう。

一方、色相環上で離れた場所にある色同士は変化のある配色になります。中でも色相環上で対角に位置する色を補色（反対色）といいます。補色と呼ばれる2色の関係は、お互いの色をより引き立て合うことができる配色です。例えば、赤×緑、オレンジ×青緑、黄×青という組み合わせです。

Ⅱ 明度 ……**色の明るさと暗さの度合い**（明るい、暗い、濃い、薄いなど）

明度が高い色が明るい色で、明度が低い色が暗い色になります。色相が同じ青でも明度が高くなると水色になり、明度が低くなると紺色になるように、色みの明るさを表わします。すべての色の中で一番明るい色は白で、一番暗い色は黒です。

Ⅲ 彩度 ……**色の鮮やかさの度合い**（派手、地味、強い、弱いなど）

白、黒、グレーが混ざっていない色を純色（ビビッドカラー）といい、最も彩度が高い色になります。彩度が高いと鮮やかな色になり、彩度が低いと濁りがあるくすんだ色になります。

▶色の心理的応用効果

色が変わると体感温度が変わる

色は暖色系と寒色系、中性色に分けられます。

暖色系……太陽や火を連想するような、赤、オレンジ色、黄色など
寒色系……水や海を連想するような、青緑、青、青紫など
中性色……暖かくも冷たくも感じられないような、黄緑、緑、紫、赤紫など

暖色と寒色とでは体感温度が2～4℃変わるといわれています。温かさをアピールしたい場合は暖色系を、冷たさや涼しさをアピー

	心理効果
	気持ちが前向きになる。やる気が出る。アドレナリンの分泌が盛んになる。暖かく感じる。食欲が増進する。時間経過を早く感じる(1時間しか経っていないのに2時間経ったように感じる)。
	食欲が増進する。賑やかな印象を与える。陽気な気分になる。 解放感を与える。プレッシャーを和らげる。
	集中力を発揮する。判断力 UP。記憶力を高める。注意を促す。気分が明るくなる。朗らかな気持ちになる。楽しくなる。
	心や身体の疲れを癒す。目の疲れを和らげる。鎮静作用。緊張をほぐす。リラックス作用。穏やかな気持ちになる。
	集中力を高める。食欲を減退させる。興奮を抑える。痛みを和らげる。睡眠を促進する。時間経過を遅く感じる（2時間も経っているのに1時間しか経っていないように感じる)。
	催眠効果がある。想像力 UP。緊張や不安を癒す。穏やかな気分を与える。
	幸せな気持ちになる。気持ちが優しくなる。緊張を和らげる。女性ホルモンを活発にする。若返り効果がある。
	気持ちが安定する。緊張を緩和する。堅実で信頼感を与える。暖かみを感じる。物事を継続させる。
	清潔な印象を与える。実際よりものを軽く感じる。はじまりを感じる。汚してはいけないと緊張感を与える。
	実際よりものを重く感じる。威圧感を与える。自己主張を強くする。暗い気持ちになる。老化を促進する。

色から連想するイメージと心理効果

	イメージ	食べ物	
赤	派手、暖かい、情熱的、熱い、活動的　など	リンゴ、イチゴ、トマト、とうがらし、肉など	
オレンジ	太陽、夕日、楽しい、陽気、暖かい、派手　など	みかん、柿、かぼちゃ、にんじん　など	
黄	太陽、光、たんぽぽ、ひまわり、明るい、派手、目立つ、すっぱい、注意　など	バナナ、とうもろこし、レモン、玉子　など	
緑	草、木、自然、若々しい、さわやか、安らぎ、平和、癒し　など	ほうれんそう、キャベツ、レタス、ブロッコリー　など	
青	海、空、水、湖、男性、さわやか、澄んだ、冷たい、静か　など	さば、いわし、さんま　など	
紫	すみれ、ラベンダー、高貴、大人っぽい、おしゃれ、上品　など	ぶどう、ブルーベリー、なす　など	
ピンク	桜、春、女の子、女性的、優しい、柔らかい、甘い、かわいい　など	桃　など	
茶	木、落ち葉、秋、落ち着いた、渋い、苦い、大人っぽいなど	栗、きのこ、ごぼう、チョコレート　など	
白	雪、雲、ウェディングドレス、清潔、純粋、きれいなど	大根、豆腐、アイスクリーム、米、餅　など	
黒	夜、高級、重い、暗い、恐いなど	黒豆、黒ゴマ、海苔、ひじき　など	

03

料理をよりおいしく見せる3つの色

採れたてのみずみずしい新鮮なトマト、にんじん、パプリカ、レタス、きゅうり、とうもろこし、アスパラガス。どれも鮮やかな色でツヤツヤしています。調理はしていない状態ですが、想像しただけで、思わず「ガブリとかじりたい」と思いませんか。

鮮やかな赤やオレンジ色、黄色や緑は、見た瞬間に「おいしそう」と食欲をわかせる色なのです。これらの色はビタミンカラーとも呼ばれています。

見た人が「おいしそう」と食欲をわかせる、いわば、お客様に食べたいと思わせるには、料理の色、盛り付けに、この鮮やかでおいしそうな赤やオレンジ色、黄色や緑をうまく使うことです。

いくら新鮮な食材であっても、その食材の色が活かしきれていないと、たとえあなたが手間をかけてつくった、味に自信がある料理であっても、お客様は「食べたい」と心を動かしません。

見た目に「おいしそう」と思ってもらい、注文率を上げるための色の基本は、赤、黄色、緑の3色です。

料理が完成し、うつわに盛り付けた時、最終確認として、赤、黄色、緑が入っているかどうかを確かめてください。

料理にこの色が足りなければ、仕上げにアクセントを加えたり、盛り付けるうつわでこの内の一色を使用することもできます。

さらに、おいしそうに見える色の組み合わせですが、例えば、イチゴやトマトについている緑のヘタ、このヘタは取れているより、付いているほうがおいしそうだと思いませんか？　緑のヘタがあるほうがイチゴやトマトが新鮮だと感じませんか？

実は、赤を一層鮮やかに新鮮に見せてくれる役目をしてくれるのが緑なのです。

反対に、緑の野菜をよりおいしそうに見せる効果があるのは赤です。グリーンサラダにトマトが入っているのといないのとでは、グリーンサラダの華やかさが違うと思いませんか？　サラダにトマトが乗っているだけで、サラダの存在感も大きくなりますよね。

また、お刺身のまぐろにはよく大葉が添えられています。まぐろの赤い色を一層新鮮にいきいきと見せるために緑の大葉が添えてあるのです（殺菌効果などもあります）。

赤と緑のような関係を補色といいます（5章8項参照）。読んで字のごとく、お互いを補っている色です。赤が緑を引き立たせ、緑が赤を引き立たせています。

食欲をそそり、見た目のおいしさがアップする赤、黄色、緑を組み合わせて使っていきましょう。

04 回転率をアップさせる色の工夫

焼肉店のあとに、私の母が経営をはじめたもつ鍋屋は、明るい木目調を基調にしたカジュアルな内装です。

壁には手書きのメニューやお客様の写真をたくさん飾り、賑やかで活気のある雰囲気にしています。しかしある時、お客様の回転率が悪いことに気が付きました。

営業時間は17時～23時なのですが、開店と同時にご来店されたお客様が、閉店の23時近くまでいらっしゃることが多いのです。

お客様1組の食事は、だいたい2時間くらいで終わることを前提として、回転率を計算し、売上予測を立てているのですが、なかなか回転率が上がらないのです。

特に週末、予約のお客様が数組いらっしゃると、ますます回転率は悪くなり、予約なしで来店されたお客様に、長い時で1時間も席が空くのを待っていただく事態が頻繁に起きていました。

しかし、お食事を楽しんでいるお客様に、「混んできましたので、そろそろ……」とか「お時間なのでお会計よろしいでしょうか」なんて、とても言えません。これを言ってしまったら、大事なお客様を逃してしまいます。

お客様にお食事を十分に楽しんでもらい、「ゆっくりできた」と感じて、お客様自ら、「もうそろそろ帰ろうか。お店も混んできたしね」と思ってもらうには、どのようにすればよいのだろうと、考えながら店内を見回しました。

そこで私が気付いたことは、座布団の色とメニューブックの色でした。

当時使用していた座布団とメニューブックの色は紺色でした。**青系の色彩効果は、気持**

ちを冷静にさせ、興奮作用を鎮めることです。

また紺色は、青に黒が混ざっているために、より体が重く感じ、安定してしまい、動きたくない気持ちになってしまうのです。

体も心のスピードも、とても遅くなるので、時間の経過もゆっくり感じてしまうのです。2時間はとっくに過ぎているのに、まだ1時間くらいしか経っていないように感じます。お店が満員状態になっていても、お客様は、「私たちは、まだ来たばかりだからね」と、時間の経過に気が付かないのです。


そこで私は、母に座布団の色を赤に変えるようにすすめました。

赤といってもいろいろな赤がありますし、もちろん、お店の内装にふさわしい赤でないと意味がありません。

母のお店では、木目調の店内に合うように、えんじ色とれんが色の中間のような、落ち着いた赤に変更することにしました。


するとどうでしょうか。

お客様は席に着いたらすぐに、メニューブックを手にします。注文のスピードが早くなり、しかも一度にたくさんオーダーをしてくれるので、トータルの食事の時間も早くなります。また、暖色の効果で、お客様の会話も弾みます。そして、お店が混み出すと、「ゆっくりさせてもらったから、そろそろ帰ろうか」という気持ちになってくれるようになりました。そうして自然と回転率が上がっていったのです（巻頭カラー6ページ参照）。

座布団を紺色から赤系の色に変えただけで、回転率が上がった理由は、赤の心理効果にあります。

赤には、興奮、瞬発力、行動力を加速させる効果があるのです。

座布団を赤に変えたことで、店全体が活気付き、従業員の動きも俊敏になり、声も大きくなります。この雰囲気にお客様も乗ってくるのです。

そうして、店が考えた設定時間内で、お客様はお腹がいっぱいになり、満足な状態でお会計へと進むのです。

また、赤は、肉、トマト、リンゴ、イチゴといったように、食べ物を連想させる働きもあることから、食欲をわかせる効果があるので、初回の注文時の料理数も増え、お客様が満腹になるのが早くなりました。

実は、メニューブックにもしかけをしました。もともと使っていた紺色の表紙に、赤い文字を使用しているお店のロゴマークステッカーを貼りました。

すると、これまではスタッフが「ご注文お決まりですか？」と尋ねてからでないと、メニューブックを開かなかったお客様が多かったのですが、着席してすぐにメニューブックを開いてもらえるようになったのです。

色には、同じ1時間でも、時間の経過をゆっくりと感じさせる色と、早く感じさせる色があるのです。時間の経過が早く感じる効果が高い色は、赤、オレンジ色、黄色などの暖かい色で、時間の経過が遅く感じるのが、青のような冷たい色や緑のようなリラックスする色です。

この効果は照明にも活用することができます。温かい雰囲気にするために、蛍光灯ではなく、白熱灯（または白熱色の照明）にするのです。

白熱灯のオレンジ色の優しいマイルドな灯りは、温かい気持ちにさせ、食事の雰囲気を盛り上げてくれます。

キャンプファイヤーや暖炉を囲みながら人と話して、いつもより楽しく、盛り上がった思い出はありませんか？

それと同じように、白熱灯の照明には、食事の雰囲気を盛り上げてくれる効果があるのです。

お客様の視界に入る小物や備品、また照明の色を変えることで、お客様の満足感をアップすることができるのです。

3章

看板・入口が記憶に残る店は繁盛する

01

殺風景なお店は女性客を引き付けない

私たち人間は、きれいなもの、美しいものを見ると感情が動きます。

特に感情豊かな女性は、「わぁ～！」「すごい！」「きれい！」など、感情を言葉にし、感動したもの、興味を持ったものに近づいてみたり、記憶に残ったことを人に話したり、何かしら行動を起こします。

逆の状態が「殺風景」です。殺風景とは「風景を殺す」と書きます。人の感情がわかない状態のことです。人の気配がない、無機質な感じ、温かさや楽しさ、心地よさが感じられない状態で、このような場所では、ワクワクする気持ちにはなれないですし、すぐに退屈になってしまいます。

人間の気持ちや行動を動かすのは五感からの情報のうち、視覚情報が9割を占めるといわれています。

つまり、人は見たもの、目に入った情報で物事を判断するのです。

そうであれば、**お店を選ぶ決め手となるのは、ズバリ見た目**です。

あなたのお店に来てもらうためには、お客様が楽しめるような見た目をつくらなくてはいけないのです。決して殺風景なお店にしてはいけません。

どこかに食事に行きたいなと思った時、頭の中に、行きたいお店や食べたい料理が鮮明に思い浮かび、「よし！　行こう」と行動を起こすのではないでしょうか。

また、街を歩いていて、特にお腹が空いていなくても、レストランの看板やメニューの写真が目に入り、食欲がわいてきて、思わずそのお店に入った、ということがあるのではないでしょうか。

しかし、お店の顔となる看板やのれんの色などが色褪せていたり傷んでいたりすると、お店に入ってみたいと思うどころか、料理がおいしくなさそうと想像したり、はやってなさそうと感じたり、ともすると店の存在にまったく気が付かず、素通りしてしまうことすらあります。

特に女性は、男性と比べて形やデザインよりも色にひかれる特性が強いので、あなたのお店の前を通った時、瞬時に色で記憶に残し、「入ってみたいな」「食べてみたいな」と思わせることが大事です。

「来店」というアクションを起こす色を積極的に使っていきましょう。

02

人はお店を探さない、色が人を誘導する

人は形よりも色を記憶し、色を判断基準にして行動することがよくあります。例えば、駅や商業施設にあるトイレの表示ですが、赤やピンクは女性、青や黒は男性となっています。では、女性と男性の色表示を逆にするとどうでしょうか。おそらくほとんどの方が間違ってしまうことでしょう。

それほど色は印象に残りやすく、人を誘導します。特に女性はその傾向が強いです。

先日、セールの時期に百貨店に行った時、私は引き寄せられるようにあるお店へ入ってしまいました。特に買いたいものがあったわけではないのに、店内に誘われたのです。それは、館内のどのお店のものとも違う、一枚のポスターが目に留まったからです。

なぜ、私がこのポスターを見て店内に入りたくなったかを考えてみました。通常、「SALE」の看板やポスターは、派手でインパクトがある赤をよく使います。赤には人を興奮させ、安さをアピールする効果があるからです。

しかし、私が引き寄せられたこのお店の「SALE」の看板ポスターの色は、淡い水色のパステルカラーでした。文字も丸みのある書体でかわいらしいものでした。

パステルカラーと丸みのある書体を使用することで、ターゲットが女性であることが一目でわかります。またパステルカラーのポスターから、セールの対象商品が優しいエレガントなものや、かわいらしいものであるようにイメージされました。それを見た瞬間に、「私の好みのものが見つかるかも」そんな気持ちになり、自然と誘導されたのです。

割引率の高いセールとなると、店内が買い物客でごった返し、必死で買いあさる姿を見かけますが、この水色のパステルカラーの看板は買い物客の気持ちを和らげ、行動をゆっくりとしたリズムにしてくれる効果があります。そのため、店内はとても和やかな雰囲気

ポスターの色が「私好み」を連想させる

SALE
SALE
SALE
SALE
あの色のポスターのお店は
私が好きそうな洋服が
売っていそう！

でお客様は買い物を楽しんでいました。

白がたっぷりと入った淡いパステルカラーには、優しい、かわいい、甘い、穏やか、女の子っぽいといったイメージがあります。

看板やポスターはただ目立つのがいいのではなく、このお店のようにセール時でもテーマカラーを打ち出し、雰囲気やターゲット層に応じた色を選ぶことが大切です。

看板に誘導されたお客様は店内に入り、商品と看板の色のイメージが一致すると、自分が求めていたものに出会えたと安心します。

つまり、色でお客様を誘導し、売上をアップできるのです。人はあなたのお店を探しません。色が人を誘導してくれるのです。

03

内装を変える前に看板リニューアルが重要

来店率や売上を上げるために内装やメニューを変え、店内リニューアルを図るお店をよく見かけます。

しかし、実は内装やメニューを変えただけでは来店率や売上のアップにはつながりにくいのです。まず、店の外から見て内装やメニューが変わったことがわからないと意味がありません。**リニューアルしたことをお客様に伝えることが大事**なのです。その最も効果的な方法、それが看板のリニューアルです。

看板はお店の顔、表札ともいえるものです。あなたのお店に一度も来店したことがなくても、あなたのお店の前を通り、看板のことを見て知っている人がたくさんいます。このような人たちは、「見込み客」ということができます。

そう考えると、看板を宣伝ツールとして利用しない手はありません。

看板をリニューアルすることで、注目を集め、**店の前を通る人に記憶してもらいましょう。**「あれ？」と思わせ、今まで見込み客だった人に来店してもらったり、もちろん常連客にも新鮮な気持ちでワクワクしながら来店してもらうのです。

お菓子や飲み物などの商品でも、パッケージを変えて、「○○増量！」「さらにおいしくなりました」というメッセージを添えることで、消費者に中身のリニューアルを伝えていますよね。

同じように、内装やメニューの内容が変わったことを知ってもらうために、「今までとは違います」ということを、看板で訴えるのです。そのためにもまずは目を引きやすい色を使ってアピールすると、道行く見込み客の認知度もアップします。

裏技として、内装のリニューアルができなくても、看板のリニューアルをするだけでも新鮮さが感じられ、興味を引く効果があるので、ぜひチャレンジしてみてください。

04

店舗の看板は「表札＝店の顔」

では実際に、どのような看板が人を呼び込むのでしょうか。

まず大事なのは、**看板の文字やマークを認識しやすくする**ことです。色を使って、はっきりと見せることができます。

色や形が、**遠くからでもはっきり見えるかどうかを「視認性」**といいます。看板の場合、看板のベースの色と文字やサインの色の組み合わせによって視認性をよくすることができます。

視認性がいい色の組み合わせの例

配色（ベース×文字）	店のイメージ
オレンジ×白	カジュアルな創作料理のお店
白×青	海の幸をメインとしたフレンチのお店
濃い緑×オレンジ	厳選した素材にこだわっている野菜料理のお店
白×黒	落ち着いた和食割烹や和風ダイニング
黒×黄	黒毛和牛を使ったカレーのお店

看板のベースの色と文字やマークの色の明るさの差が重要で、次に鮮やかさの差、そして色みの差、これらが大きいほど文字やマークが認識しやすくなります。

文字やサインが認識しやすい配色は、白ベースに黒文字や、黒ベースに黄色文字です。もちろんこの逆も効果的です。

しかし、この組み合わせが読みやすいからといって、あなたのお店の看板にふさわしいとは限りません。あなたのお店のイメージやテーマにふさわしい色を選び、認識しやすい色の組み合わせを使用してください。

もし、ベースの色と文字の色を近い色にしたい場合は、文字に白か黒で縁取りをつけるといいでしょう。

視認性と同時に看板で大切なことは、お客様があなたのお店に気付くこと、つまり**発見しやすいこと**です。これを**「誘目性」**といいます。誘目性とは、「意識を向けていない対象の発見しやすさ」のことで、簡単にいうと、人の目を引き付ける度合いや、目立つ度合いのことです。

一般的に誘目性の高い色は、無彩色よりも有彩色で、青などの寒色系よりも、赤やオレンジ色、黄色などの暖色系の鮮やかな色です。

例えば道路標識や工事看板などは発見されやすい看板の代表ですが、これらの看板に共通しているのは目立つ色を使っている点です。目立つ色を使うことによって注意を喚起しているのです。

道路標識や危険防止の看板などは、車の運転手などに緊急性を訴える看板なので、特に目立つ色で注意を引く必要性があります。

同じように**看板は誰に見てもらいたいのか、そして誰のためにあるのか**をもう一度考えてみましょう。あなたのお店のターゲットは誰ですか？　それによって看板の色を決めましょう（2章2項参照）。お店のメニューや雰囲気も看板の色で表現することができます。和風創作料理とイタリアンでも使用する色は違いますし、料理の価格が安いか高いかによっても使用する色は違ってきます。

例えば、価格が安くカジュアルな感じを出すなら、はっきりとした鮮やかな色、価格が高めで高級感を出すなら重厚感のある濃くて深みのある落ち着いた色がいいでしょう。

看板はお店の表札です。魅力のある看板は人の記憶に残ることができます。記憶に残ると思い出してもらうことができ、来店していただける可能性が高まるのです。

05

看板は24時間365日働くスタッフ

店舗の顔でもある看板がどれほど大切か、私の実家の失敗談からお伝えします。

現在、実家の母はもつ鍋屋を経営しています。この店を開業するにあたって、看板の色にはとてもこだわりました。それは、その前に経営していた焼肉店で、看板と同じく店の顔といえる「のれん」の色を変えたら、お店の存在感が消えてしまった……という恐ろしい失敗をしたことがあるからです。

焼肉店では入口に、渋い柿色（朱色）ののれんを掛けていました。常連客が増えつつあり、このまま順調にいくだろうと思っていたある日、母から悲壮な声で「急にお客様が来なくなった」と電話がありました。私は、その時に思い当たる理由を、母に聞いてみたのですが、まったく心当たりがないと言います。

数日後、車で外出した際、お店のことが気になった私は、お店の前を通って行くことにしました。

するとどうでしょう。お店を見つけられないのです。引き返してお店を探すのですが、見当たりません。車を停めて、お店の前を歩いてみましたが、それでも通り過ぎてしまうほど存在感がなくなっていたのです。

やっとたどり着いて、ハッと気付いたのがのれんの色でした。

のれんの色が渋い柿色から、グレーに掛け変わっていたのです。**のれんをグレーに変えたことで、入口がまったく目立たなくなっていた**のです。それどころか、**お店の存在が消えた**かと思ってしまうほどの印象でした。

グレーという色は、無機質、無表情、無感情という心理効果を与えるため、ワクワクさせる感情とは真逆で、道行く人ものれんをくぐる気持ちにはならないのです。

また、グレーは大人しく、目立たない地味な色なので、主役に使う色ではなく、主役の

存在が消えてしまうグレーの罠!?

グレーののれんがお店の存在を見えなくしてしまう！

のれんをオレンジ色系の柿色（朱色）に戻したら、お店の存在感も復活！

色を引き立てる役割、いわば背景として使う色です。

買ったばかりののれんが原因と知って不服そうな母を説得し、のれんの色を元の渋い柿色に戻しました。すると、不思議なくらいお客様が戻ってきたのです。

戻ってきた常連のお客様に聞いてみると、多くの方は店が休業中だと思っていたそうです。中には「お店を閉めた？」と思われた方もいました。

色が人を誘導するのだと強く実感した母と私は、新しくもつ鍋屋をオープンする際、看板は目立つようにオレンジ色にしました。

オレンジ色は賑やかで楽しい色なので、はじめての人にも**親しみやすさ**を持ってもらえるように、という思いも込めました。またオレンジ色は食べ物のイメージがわきやすいため、**食欲を増進させる**ので、飲食店の看板やのれんなどの入口周りに使う色として向いているのです。

もつ鍋屋は、あまり馴染みのない土地でのオープンだったので、かなりの不安があったにもかかわらず、費用に余裕がなく、宣伝広告ゼロでスタートさせるという状態でした。

その代わり、オープン２ヶ月前からお店の入口にオレンジ色の看板を取り付け、「９月６

日オープン」と記入したポスターを看板の上に貼り、透明のシートで覆って、それを宣伝としました。

「9月6日オープン」と看板に明記しているにもかかわらず、まだ工事をしている開店前から間違ってお店に入って来られる方がいたり、開店後は「オレンジ色の看板のお店、めちゃくちゃ気になってました」と、看板を色で覚えてくださったお客様がたくさん来店してくださったのです。

人は文字などを読む前に色を見て判断し、行動を起こすのだなと思い、看板が24時間365日働くスタッフであることを証明する出来事になりました。

06 店舗入口を色で飾って女性客を呼び込もう

女性はウィンドウショッピングが大好きです。

何も買う気がなくても、好みの商品やイメージが目に入ると思わず立ち止まって、ウィンドウを見てしまいます。女性は好きな色や興味がある色に敏感に反応するのです。

私のオフィスの近くにある商店街には、同じ商品を同じ価格で販売しているお店が数店舗ありますが、**思わず入ってしまうお店と素通りしてしまうお店**に分かれています。

これらのお店はどこが違うのかというと、色の使い方なのです。思わず入ってしまうお店は、お店の雰囲気に合った色を店頭や看板で上手に使っているのです。

例えばドラッグストアの店頭を思い浮かべてみてください。

赤い色で「本日限り！」「ポイント2倍」とか、ピンクの色で「女性に大人気！」と書いてあるＰＯＰやポスターが店頭に貼られていると、目を奪われ、ついつい店内へと引き込まれてしまった経験はありませんか？　これは、色の誘目性を活用している効果です。

人は興味を持った色が目につくと、無意識にその色に近付きたくなります。それが、お店だと、今までなかった購買意欲が不思議とわき起こります。

「せっかく来たのだから何か買わないと」と、欲しいものをわざわざ見つけようとしてしまうのです。これが、いわゆる衝動買いです。「買いたい」という衝動を起こさせる色が、店頭にあると起こりやすい現象です。

衝動買いは、飲食店でも起こります。飲食店の場合も楽しくて食欲がわくような色を使うと効果的です。誘目性の高い赤やオレンジ色、黄色は食欲を増進させる色でもあるので、飲食店の場合はこれらの色を店頭入口や看板、ＰＯＰ、ポスターに活用しましょう。

例えばこれらの色の花を飾る、ＰＯＰに色紙を使うなどの他に、鮮やかな食材を使ったメニューの写真を見せるなどの方法があります。

お店のメニューに合った国旗の色も参考になります。イタリアンであれば緑×白×赤、フレンチは青×白×赤、スペインは赤×黄色、同じく中華も赤×黄色が合っています。これらの配色を活用するのです。

私が先日行ったベトナム料理店は、うまく看板に誘目効果を使っていて、とても繁盛していました。お店の店頭には、赤地に黄色の星が描かれているベトナムの国旗が目立つように飾られていて、目を引きます。メニュー看板には、ランチメニューの写真、店内の写真、それからベトナム人のオーナーさんの親しみやすい笑顔の写真が飾られています。

お店の雰囲気やメニューの写真から、料理のおいしさやお店の自信が伝わってくるようでした。

後から考えると、そのお店の前はよく通っていましたから、鮮やかな国旗の色が潜在的に記憶に残っていて気になっていたのかもしれません。それで、お店を選ぶ時に迷わず入ったのかもしれません。

知り合いの工務店の社長がおっしゃっていましたが、お店に人が入るかどうかは、入口で決まるそうです。店内にいくらこだわっても、お客様が入店しない限り、店内のこだわりはわかってもらえません。

もちろん、入口が素晴らしくても中身がないとお客様は離れてしまいますが、内装やメニューがしっかりしているのにもかかわらず、お客様を誘導させるべき配色が間違っていて、入口が目立たなかったりすると非常に残念です。

あなたのお店にも、女性が思わず立ち止まってしまう入口や看板を、色を上手に使って飾ってください。

店舗の入口付近を目立つように飾っていると、お店に興味を持ってもらえるので、**行きたいお店の候補として記憶**されます。お店のことが気になるため、前を通った時に、メニュー看板を見たり、窓や扉の隙間からお店の中をのぞいたりして、行きたい理由を探そうとします。お店に行くことができた時は、「気になっていたお店にやっと行くことができた」と、念願が叶った気持ちになるのです。

4章

メニューブックの色を工夫して注文率をアップする

01

メニューブックに赤を使って回転率をアップさせよう

メニューブックは単なる「献立表」ではなく、**飲食店にとって一番重要な販促手段**ということができます。

本項では、お客様が席に着いてすぐにメニューブックが見たくなる「赤」の活用についてお話しします。

先日、イタリアンレストランを経営しているオーナーの奥様から、「うちの店、回転率が非常に悪いのですが、改善するにはどうしたらよいでしょうか？」と相談を受けました。

このお店は特にランチタイムの回転率が悪いとのことです。ほとんどのお店は、ランチはディナーの価格よりもサービス価格（高原価率）で提供しているので、回転率が悪いと売上が上がりません。

オーナーの奥様はこんな話もしてくれました。お客様を席へ案内し、ランチタイムのメニューブックを渡します。しかし、なかなか注文が入らず、お客様は会話を楽しまれているそうです。しばらくして、こちらから「メニューはお決まりでしょうか？」と尋ねると、ようやくメニューブックを開いてくれるというのです。

注文までに時間がかかっていることが回転率を悪くさせているようでした。

いったい何が原因なのだろう、と店内を見回したところ、メニューブックの色が気になりました。

店内の壁やテーブルなどの備品は、アイボリーとこげ茶色でまとめられている非常に落ちついた空間です。そして、ところどころに奥様の好きな色である深い緑がアクセントとして使われています。メニューブックも同じ緑でした。

お店には高級感があるにもかかわらず、居心地もいいので、お店に入って席に着くと、「注文する」「食べる」という行為が二の次になってしまうほどリラックスしてしまいます。

実際私も、スタッフと共に席に座ると、注文よりも会話に夢中になっていました。そこで、わかりました。**ランチの回転率が上がらない原因は、お客様に「アクションを起こさせる色が視覚にないこと」**だったのです。

店内に使用しているアイボリーは体を休ませ筋肉の緊張をほぐす効果、こげ茶色は気持ちを安定させ落ち着かせる効果、アクセントに使っている濃い緑は眼精疲労やストレスを和らげ、眠りを誘う効果があります。これらの色の効果で、お客様はお店に入った瞬間にリラックスしてしまうのです。

このお店にはエネルギーをわかせ、行動的になる色が使われていませんでした。そこに気付いた私は、お客様が注文するというアクションに移りたくなるような色を取り入れることで、回転率を改善することができると思いました。

そこで私が提案したのが、メニューブックの色を赤にすることでした。

人は、赤を見ると興奮し、行動を起こそうとします。**赤いメニューブックが目に入ると、お客様はそれを手に取って開きたくなります。**そして、注文したい、食べたい、と思うのです。メニューブック全体を変えることが難しい場合は、赤い模様のステッカーを貼ったり、赤いラッピング用紙や布でブックカバーをかけたりするのもいいですね。すべてを赤にしなくても、赤い色や柄をアクセントで強調し、メニューブックの存在を目立たせることが大事です。

他にも、メニューブックの周辺に赤い小物などを飾ることも効果的です。例えば、ナプキン、スパイス容器などの小物を赤にしたり、テーブルに赤い花を飾るなどして、赤が入っているものを置き、お客様が自然と赤い色に引き寄せられて、側にあるメニューブックを手に取ってくれるようにしましょう。

02

メニューブックは読ませるものではない、見せるもの

ある調査によると、「メニューブックに載っている料理の写真がおいしそうだから注文を決めた経験がある」という人が、かなりいるということがわかりました。

その回答の数字を見てみると、男性が79・6％に対し、女性は89・9％。つまり、女性は男性よりも見た目でメニューを決める傾向が高いことがわかりました（出典：株式会社アイシェア http://release.center.jp/2010/02/0101.html）。

メニューブックはお客様に料理を選んでもらうためのカタログです。**お客様にとって、**

おいしそう！　食べたい！　と思わせるメニューブックとは

●文字のみのメニューブック

●写真が入ったメニューブック

見やすく選びやすく、かつ、一層食欲がわき、楽しみながらメニューを選ぶことができるものでなくてはいけません。ですから、写真を使ったメニューブックのほうが、料理のおいしさをより伝えることができるのです。

もし、あなたのお店のメニューブックに文字だけしか書かれていなければ、ぜひ、見直しを考えてみてください。文字だけの情報だと、たとえお腹が空いていても分量や味付けなどがわかりにくいので、まず少なめに注文をして、出てきた料理を見て食べて、おいしいかどうか、足りるかどうかを確認します。

ところが、**メニューを写真で見ると、食**

欲がもっとわき、ついつい多めに注文してしまいます。特に女性はきれいに盛り付けられているメニューの写真を見るとワクワクします。「うわー！　おいしそう。どれにする？これもおいしそう、こっちもいいね」などテンションが上がるのです。

例えばダイエット中で油が多い料理を控えている時でも、こんがりおいしそうに焦げ目がついたお肉に、クレソンの緑やトマトの赤、パプリカの黄色を添えて華やかに盛り付けられているメニューの写真を見ると、ついつい食欲に負けて、「今日はダイエットはお休み」と注文してしまうこともあるのです。

実家のもつ鍋屋で、新メニューのトマト味のもつ鍋をつくった時のことです。最初はメニューブックにも文字情報のみで紹介していましたが、注文がなかなか入らず、せっかくの新メニューのおいしさをお客様に伝えられずにいました。そこで写真を撮ってお客様に告知し、赤いトマトが目立つように紹介したところ、女性客から「この赤いトマトのもつ鍋、めずらしい」と、注文がどんどん入るようになりました。今では女性人気ＮＯ・１メニューになっています。

これをきっかけに、既存のメニューでも特に女性におすすめのメニューは写真入りでメニューブックに紹介するようにしたところ、以前は注文率が低かったメニューにもどんどん注文が入り、人気が出るようになりました。

これは、冒頭で述べた調査結果を裏付けするような経験でした。女性客は男性客に比べ、食べたいものを「見た目」で選ぶ傾向が多いことがわかります。

しかしメニューブックを丸ごとリニューアルするにはお金がかかるので、メニューの一部をＰＯＰやポスター風にして壁に貼り、女性に食べてもらいたいメニューを紹介するのもいいでしょう。その方法とコツをお伝えします。

壁にPOPやポスター風のメニューを貼る

料理の写真を撮って大きめに引き伸ばし、汚れないようにパウチ（ラミネート）加工をします。

次に、色画用紙を吹き出しの形に切って、そこに料理の特徴、こだわりなどを手書きし、写真の周りにその吹き出しを貼り付けます。吹き出しの色画用紙はいろいろな色を使って賑やかにするほうがよいです。

お店のスタッフや店長の顔写真も吹き出しと一緒に貼りつけると、誰のおすすめなのかわかり、楽しい雰囲気になり、説得力が増します。

特に紹介したいメニューだけを掲示するので、費用もほとんどかからず、すぐに実行できます。

イラストで紹介する

料理をイラストで紹介するのも楽しさが伝わります。写真ではいまいちおいしさが伝わらない料理の場合は、イラストで紹介するほうがわかりやすくなり、いい場合もあります。

イラストが得意なスタッフがいれば、

喜んで描いてくれるでしょう。また、イラストが苦手な方でも、丁寧に描けば味がある絵になります。イラスト集やイラストの描き方の本もありますので、参考にして練習してみてはいかがでしょうか。

上手でも下手でもイラストは温かみが感じられるので、お客様から、「あなたが描いたの？」「このメニューおいしい？」と聞いてもらえることがあり、会話のきっかけにもなります。

壁に貼るメニューは「季節限定メニュー」「本日のおすすめ品」「日替わりメニュー」など、頻繁に内容が変わるメニューに向いています。

03

お客様をお待たせしない！スピードメニューを頼んでもらおう

多くのお客様は次のような気持ちで飲食店に来店します。

「お腹が空いた！　何を食べようかな」

「すぐにできるメニューはどれかな」

「お店のおすすめは何かな」

そこで手に取ったメニューブックが無地の紙にワープロ打ちの文字ばかりだと、**すぐにできる料理はどれなのか、どのメニューが自分好みなのか、どれが人気があるのか**がまったくわかりません。

するとお客様は、店内をきょろきょろ見回して、どこかでおすすめメニューが紹介されていないか、探します。また、スタッフを呼んで「すぐにできるメニューはどれですか?」「おすすめは何ですか?」と聞くこともあるでしょう。そうしていると、注文までに時間がかかってしまいます。

このような状態のお店はメニューブックの改善が必要です。お客様が選びやすいようにメニューブックでおすすめをアピールしましょう。

本項ではまず、時間をかけずに提供できるスピードメニューについてお話しします。

なぜスピードメニューが必要なのでしょうか。お腹が空いているお客様は、注文した料理がなかなか出てこないと、時間をとても長く感じたり、空腹にイライラしてきます。その結果、「待ち時間が長いお店」というレッテルが貼られ、次に行きたいお店の候補から外されてしまう可能性が大きくなるのです。

人は何もない状態で待つことが苦手です。例えば本を読む、おしゃべりをする、何かを食べることをして待ち時間を埋めたいものなのです。

そこで、すぐに出すことができるスピードメニューがあれば、それを注文したお客様は食べながら次の料理を待つことができます。一方、お店側にとっても、注文が入って時間をかけずにお出しできる料理なので、すぐに次の料理の準備ができたり、お客様が混み出しても慌てることなく段取りよく作業ができます。

そこで、すぐに食べられるスピードメニューと時間がかかるメニューをメニューブックでお客様にわかりやすくしてあげましょう。そのために、早く食べられるスピードメニューを色で目立たせるのです。

スピードメニューに使うおすすめの色は青です。**青は時間を早く感じさせる効果**があります。新幹線や特急列車に青や青いラインが入っているものが多いのも、スピード感を与える印象が強いからです。

それから青い色は、さわやかさや冷たい印象があるため、例えばスピードメニュー用の**冷めてもおいしい料理や冷たい料理には適しています。**

メニューブックを開けると、「とにかく早い！」「すぐに食べたい方に」「お待たせしません」などと青い文字で書いて、さらに赤で囲んで目立たせるなどして、お客様をお待たせしないスピードメニューをアピールしましょう。

04 おすすめメニューのアピール方法

次は、おすすめメニューのアピールの方法です。

あなたのお店には、「当店人気NO・1」「本日のおすすめ品」「限定10食」などいろいろなおすすめメニューがあるでしょう。メニューブックを開いたら、そのおすすめメニューに目が留まり、注文したくなるように他のメニューよりも目立たせて、お客様の視線を集めましょう。

メニュー名の書体や色を変えたり、メニューにイラストやマークを付けたりして色で強調させると、メニューブックを開いた時にお客様の目が自然とおすすめメニューに向きます。必ず注文してもらいたい看板メニュー（お店の一押しメニュー）は、**メニュー名を赤やオレンジ色で囲んだり、赤やオレンジ色の文字で「当店自慢」「一押し」とコメントを添えて強調**させましょう。

それからお客様の視線の流れを知ることも重要です。

メニューブックのレイアウトで、お客様が食べたいと感じるか感じないか、大きな差が出ます。お客様の目線の流れを知って、お店の看板メニューや、一押しメニューは、一番目に留まる位置に配置することが重要です。

人間は横書きのものは左上から右上それから左下、右下に目線が動き、最後は左上に戻ります。縦書きの場合は右上から右下、左上から左下、そして再度右上に戻ります。

一押しメニューは、目線が一番最初にいく場所、かつ最後に目線が戻る場所（左ページ図の❶）に配置して目立たせましょう。

また、**価格が高いものと安いものとを色で分けておく**と、お客様はメニューを選びやす

メニューブックを見るお客様の目線の流れ

横書き

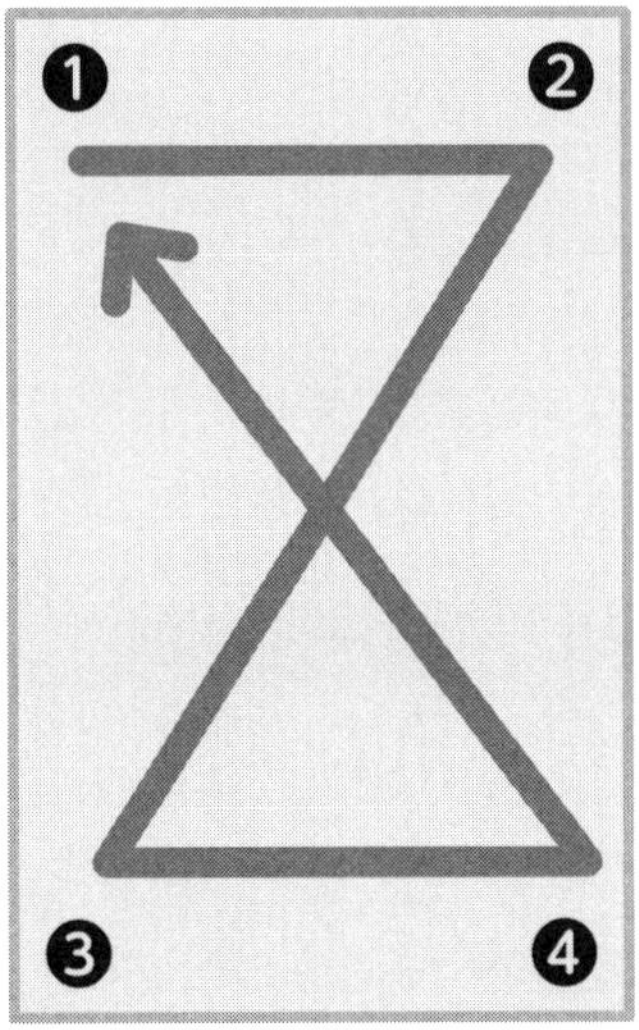

縦書き

最初と最後に目につく❶の場所に
「おすすめメニュー」を配置して目立たせよう

くなります。例えば、**高いメニューは高級感を出して茶色、安いメニューはお手軽さを表わす黄色**を地に敷くなど。価格も高いものから安いものへと視線が流れるほうが、安いものから高いものに流れるよりも購買意欲が落ちないそうです。おすすめメニューに価格差がある場合は、高いほうを前に持ってくるようにし、**特に高いメニューにはゴールドのシールを貼る**などして、「高いからこそ食べる値打ちがあります」と、色で訴えましょう。

しかし、高級なフレンチや懐石料理など、接待に利用されるような、上品な飲食店では、メニューブックに写真やイラスト、目立つ色を使い過ぎると印象が悪くなる（安っぽくなる）場合がありますので、気を付けましょう。

05

女性向けおすすめメニューブックを作成する

特に女性に人気のあるメニューや、デザートメニューをピックアップして、**女性専用メニューブック**を作成するのもおすすめです。そのメニューブックには写真アルバムを活用すると便利です。アルバムの色はピンク系にすると一目で女性向けとわかるでしょう。

女性にとってダイエットと美容は永遠のテーマです。女性はたくさん食べたい半面、カロリーが気になります。そこで低カロリーメニューや、野菜を中心としたヘルシーメニュー、美容効果が高いメニューを色で分けて明確にしておくと、メニューの特性や効果がわかりやすいので喜ばれます。

低カロリーメニューは水色、野菜を中心としたヘルシーメニューは緑、美容効果が高いメニューはピンクを使うのがおすすめです。

例えば、コラーゲンがたっぷり入ったスープにはメニューブックにピンクでマークを付けて、「翌朝お肌ツルツル」「美容効果抜群スープ」などとキャッチコピーを添えるとより効果的です。

料理の写真はアルバムやPOPの大きさに合わせて、できるだけ大きく撮ってください。また、写真の料理部分を切り取り、料理が立体的に見えるようにするとおいしそうに見えます。色画用紙で吹き出しをつくって、料理の特徴やこだわり、スタッフの誰のおすすめなのかも丁寧に記載します。女性はお得な情報が好きですから、きちんと読んでくれるでしょう。

ぜひ、メニューブックをめくるのが楽しくなるようにつくりましょう。少しコストはかかりますが、文房具店や100円ショップに行くと、かわいいアルバムやデコレーション用のシールなどもたくさん売っているので、いろいろと工夫ができます。

06

素材がメニューブックの代わりになる！

ここで、最近私が衝撃を受けたお店についてお話しします。

大阪の天満に「天神橋筋商店街」という日本一長い商店街があります。日本全国では商店街が減少していますが、この商店街は昔と変わらない活気があります。

実は私、大阪に住んでいながらなかなか行く機会がなく、いつかは行きたいと思っていたところ、先日、天満に詳しい方に誘っていただき、数名で食事に行きました。

商店街を歩いていて気が付いたことは、はやっているお店は看板メニューが明確で、わかりやすいということでした。

例えば、同じ居酒屋でも、鮮魚、豚料理、串揚げ、エスニックという具合に、看板メニューとして何を扱っているお店なのかが明確に表現されていて、一目瞭然なのです。

店頭を見ただけで、お店側からの「ぜひ食べてもらいたい看板メニュー」の紹介がとにかくうまいのです。


この商店街の中でもひときわ賑わっている場所があります。メイン通りから少し路地に入ったところで、赤や黄色などの鮮やかなテントが目立つ、まるで香港や台湾などの異国に来たかのような、そんな雰囲気を楽しませてくれる場所です。

テレビや雑誌などで紹介されているお店がたくさんあり、安くておいしいので、平日でもサラリーマンでいっぱい。週末になると地元の人に観光客も加わって、たくさんの人気店に行列ができています。


そこにある魚料理専門店の話です。魚は鮮度が命です。このお店では、まるで仕入れて来たばかりのように、白い発泡スチロールの箱に氷を詰め、その上に新鮮な魚介類を並べて店頭に置き、道行くお客様に見せています。その発泡スチロールの横には、立て看板に仕入れた魚のメニューが書かれています。たくましい黒の太文字で「特大エビ400円」「生岩ガキ1個100円」「売り切れ御免！　中トロ300円」などと書かれています。

しかし、道行く人の様子を見ていると、立て看板よりも、白い発泡スチロールに入った活きのよい魚が気になるようです。

実際、私もそうでした。魚が入っている白い発泡スチロールに無意識に近づいていたのです。エビや岩ガキ、魚の新鮮な色を見た瞬間、「ここに入りたい！　ここにしましょう！」とお店を決めていました。

価格が安いと知っていたわけでもなく、前情報があったわけでもなく、通りがかって発泡スチロールに入っている**魚介類の新鮮な色を見た瞬間、食欲がわいた**のです。

店頭に素材そのものを並べることで、活きのよい看板メニューを知らせるメニューブックの役割を果たしていたのです。**入店前のお客様に、目で確認してもらう**ことで、他店よりも新鮮な素材を提供しているというお店の自信が伝わってきました。

事実、このお店にはメニューブックがありません。テーブルに置いてあるのは、本日のおすすめ品が手書きされた日替りのメニュー表1枚のみ。それ以外の定番メニューは、短冊に書かれて壁に隙間がないくらいに貼られています。

料理の写真はありませんが、店頭に置かれている新鮮な魚介類を見ているので、天ぷらもお刺身も想像するだけでおいしそうに感じるのです。毎日手書きしているメニューからは、旬なもの、その日にいいと思って仕入れている店主のこだわりも伝わります。

調理をする前の新鮮な素材を見せることで、お客様の食欲をわかせたり、どんな料理になるのかな？　どんな味なのかな？　とお客様にワクワク感を与え、想像して楽しんでもらう「見せる」メニューになります。素材を見て注文するスタイルはお寿司屋さんのカウンターが元祖かもしれませんね。

すべてのお店が同じ手法で素材・メニューを紹介できるとは限りません。ほとんどのお店でその役割を果たしてくれるのがメニューブックです。

だとすると、メニューブックはあなたのお店のメニューをお客様に知っていただく大事な販促手段になることをぜひ意識してください。

5章

女性客を満足させるメニューづくり

01 食べたいか、食べたくないかは色で決まる

ここまで、女性は「見た目」でメニューを決める可能性が高いことをお伝えしてきました。本章では実際に料理をつくるうえで、おいしく見せるための色、女性にもう一度食べたいと思わせる色、人に言いたくなるほど記憶に残る色の活用法についてお話しします。

わかりやすい例としてオムライスを考えてみましょう。
オムライスが食べたいと思って注文するお客様は、きっと頭の中でふわりとした黄色い

玉子の上に、赤いケチャップがかかっている映像を思い浮かべ、ゴクリと唾を飲み、オムライスの登場を心待ちにしていることでしょう。

そこで出てきたオムライスに、赤いケチャップがかかっていないとどうでしょう。「あれ？　ケチャップがかかっていない、なんで⁉」とがっかりするのではないでしょうか。

そうです。**黄色い玉子の上にかかっている赤いケチャップ、これがオムライスを一層おいしそうに見せているのです。**

今は昔と違って、オムライスのソースは赤いケチャップ以外にもいろいろありますよね。ケチャップとは違うフレッシュで鮮やかな赤のトマトソースから、ホワイトソース、緑のバジルソース、茶色のデミグラスソースまで、オリジナルのおしゃれなオムライスがどんどん増えています。赤いケチャップのオムライスを見ると、どこかほっと懐かしい気持ちがするほどです。

このようなオリジナルのオムライスをメニューにする場合、ソースの色と玉子の色の組み合わせでいかにおいしそうに見せるかが重要です。

色のバランスを考えると、玉子の黄色よりもソースの色を濃くすると、玉子がより明るく鮮やかにおいしそうに見えます。

しかし、ホワイトソースとの組み合わせでは、玉子の黄色とホワイトソースの明るさに差が出ないので、ぼんやりとした印象になってしまい、あまりおいしそうには感じられません。

そんな場合には、赤やオレンジ色、黄色のパプリカやブロッコリーのような鮮やかな緑の野菜を飾ったり、パセリのみじん切りをかけたりして、ホワイトソースと玉子の黄色にアクセントをつけて、彩りがきれいでおいしそうな料理に変身させましょう。


さらに、お皿の色にもこだわりましょう。

玉子やホワイトソースが淡く薄い色なので、お皿の色は濃く深みのある茶色系がよく合います。

ホワイトソースがかかったオムライスを濃い茶色のお皿に載せると、玉子の黄色とソースの色がはっきりと目立ち、おいしそうに見えるのです。

また茶色はオレンジ色や黄色と同じように暖かさを感じる色なので、温かい料理を盛り付けると**見た目に冷めにくく感じさせる心理効果**があります。**時間が経ってもおいしさが**

逃げないように感じられるでしょう。

茶色とオレンジ色や黄色の組み合わせは、同系色なので、誰にでも簡単に、料理をおいしそうに見せることができる初級者向けの配色です。

他にも、ソースが緑の場合はお皿の色を赤やオレンジ色系にすることで、緑がより強調され、オムライスがおいしそうに見えます。

人は「何か食べたい」と思った瞬間に、その料理の映像がまず浮かびます。そして行動を起こすのです。

つまり、お客様に再びあなたのお店へ足を運んでもらうようにするには、味はもちろん、**料理やうつわの色を上手に使い、見た目の印象をいかに残すか**ということが重要なのです。

料理に色を上手に使っていれば、お客様の脳裏にはその料理の映像が浮かび、同時に味の記憶も蘇ってくるのです。

02

トマト、パプリカは売上を上げる価値ある食材

女性のお客様には、料理を見た瞬間に楽しくなったり、うれしくなる色を上手に使って、「見た目」で喜ばせる工夫をしていきましょう。

ここから、メニューづくりに欠かせない食材の色についてお話しします。スーパーの野菜売場に行くとまず緑の野菜が多く目に入り、それからごぼうやじゃがいもなどの茶色系の根野菜を見ます。そして、売場の中でも一際目を引くのがトマト、パプリカなどの赤やオレンジ色、黄色の野菜です。艶があるそれらの野菜は、まるで宝石のようです。

あるテレビ番組で、トマトの生産者へのインタビューが放送されていました。おいしそうな赤いトマトをつくっている生産者の方が、「古くからトマトは野菜の宝石と呼ばれています」とおっしゃった瞬間、私は「なるほど！」と妙に納得しました。実は私は幼い頃、トマトは果物だと思い込んでいました。母からトマトは野菜であると聞いた時、「あんなに色がきれいなのに野菜なの⁉」とすごく驚いたことを覚えています。子供の頃の私は野菜と果物を色で区別していたようです。熟した赤い色が甘そうにも見えたのでしょう。

人はきれいな色や鮮やかな色を見るとワクワクし、楽しくなります。宝石としてたとえられているトマトやパプリカの赤やオレンジ色、黄色は、ビビッドカラーといって、元気、いきいきしている、活力に溢れているといった印象を与えてくれる色です。

さらに暖色系には、前向きさ、明るさ、やる気、向上心を起こす効果があるので、これらの色の食材をメニューにうまく使うと**体が温まり、食欲も増進し会話が弾みます。**

味付けには自信があるけれど、色合いがイマイチで地味に感じるメニューには、トマトやパプリカの赤、オレンジ色、黄色を、宝石を散りばめるように添えて、**料理を華やかにドレスアップさせ、「私を見て！」とお客様に訴えかける**ような見た目にしましょう。

03

少ない食材で何通りものメニューをつくる色技

大手チェーン店と個人店ではメニューの豊富さが違います。以前、実家が営んでいた焼肉店で経験した話です。客数の減少に悩んだ店主である母は、メニューが少ないからではないか？　と思い、大手チェーン店の居酒屋に負けじとメニューを増やしていきました。

しかし、そもそも店の構えや看板が焼肉店なのに、居酒屋メニューを求めて来店するお客様などいませんでした。メニューを増やした分、注文がない料理の材料が残り、さらに赤字になっていったのです。

この経験が、現在営んでいるもつ鍋屋をオープンする際のメニューづくりに大いに参考になりました。オープンする時に考えたのは、**できるだけ少ない限られた食材で、たくさんのメニューをつくること**はできないか、ということです。

メインで扱う食材や調味料を眺め、紙に書き出していくうちに、少ない食材でも何通りものメニューがつくれることに気が付きました。それには、色が決め手となりました。

もつ鍋屋の看板メニューは「もつ鍋」です。そして、焼肉店で人気があった「牛すじチヂミ」「鶏のから揚げ」「キムチ」「名古屋コーチンのたたき」「野菜サラダ」の5品は、もつ鍋屋でも定番として継続する予定でした。そこで、この定番メニューで使う食材を全部書き出してリスト化しました。その次に、書き出した食材を色別に分類しました。

例えば、「白＝もつ、豆腐、鶏肉、大根」「赤＝トマト、パプリカ、にんじん、とうがらし、牛肉」「緑＝キャベツ、ニラ、サニーレタス、ネギ、きゅうり、白菜、レタス」という具合です。

リストを書き出したことで、扱っている食材が一目でわかり、代用できる食材を探すこ

定番メニューの食材色分け表

	白	赤	黄	緑	茶
もつ鍋	もつ、豆腐	にんじん		キャベツ、ニラ	ごぼう
牛すじチヂミ		牛肉、にんじん		ニラ	
鶏のから揚げ	鶏肉		レモン	サニーレタス	
キムチ	大根	とうがらし、にんじん		きゅうり、白菜	
名古屋コーチンのたたき	コーチン			サニーレタス、ネギ	
野菜サラダ		トマト、パプリカ	パプリカ	レタス、きゅうり	

サニーレタスとレタスは同じ色で同じ役割ができるから、ひとつに絞れる！

とができました。例えば、緑に分類した野菜には、サニーレタスとレタスがありましたが、「サニーレタスがあれば、レタスはいらないのではないか」と考え、ひとつの食材を他のメニューに応用するヒントにもなりました。

今までは、メニューに合わせて食材をすべて揃えていたところ、**同じ色の食材を活用することで無駄を省く**ことに成功したのです。さらに、リストにある食材の値段が高騰した際には、同じ色の安い食材で代用できることにも気付きました。

食材を色別に分類し、常に揃えておく食材が整理されたら、次はその**限られた食材でより多くのメニューをつくること**を考えました。それぞれの材料と既存の人気メニューの調理法を、パズルをするかのように組み替えて、新メニューを考えていったのです。その例に「もつのから揚げ」があります。

常に仕入れている材料のもつを、定番メニューで人気がある鶏のから揚げのアレンジメニューにしたのです。鶏のから揚げに使用している付け合せの野菜も揃っているので、新しい食材を買い足すことなく、揚げ物メニューをもう一品増やすことができたのです。

他にも、豆腐を鍋以外にも使用し、豆腐サラダ、冷奴とメニューを増やすことができました。冷奴は、さらに赤いとうがらしや緑のネギを使って「スタミナやっこ」という冷奴のバリエーションを増やしました。

もつ鍋屋のメニューづくりを進めていく中で、**調味料も色で分類できる**ことに気付きました。例えば、塩味と醤油味、これを色で表わすと白と黒です。つまり、同じメニューでも味付けを変えると色が変わり、同じ材料でいくつかの新しいメニューができるのです。

実家のもつ鍋屋では、もつ鍋の味を4色でアピールすることにしました。塩味＝白、味噌＝茶、醤油＝黒、ピリ辛＝赤という具合です。

さらに、4種類のもつ鍋が人気になってきた頃、トマトが女性の美容にいいという話題を耳にしました。店ではサラダにトマトを使用しており、材料としてすでに仕入れリストにあったので、トマト味のモツ鍋を新メニューとして誕生させました。

こんなふうにして、もつ鍋のバリエーションは増え、現在では黄色のカレーも加わり、リストアップした材料を活用し、6種類の味を楽しんでいただいています。

6種類の味から選べるということが、女性客に好評で、**「次は違う味に挑戦してみます」とリピーターの獲得にも役立つ**ようになりました。

少ない食材でメニューのバリエーションを増やす方法

1 あなたのお店の定番メニューを５品あげてください

2 この５品のメニューに使う食材をすべて書き出してください

3 次に、書き出した食材を色別で分類してください

＊色の分け方の正解不正解はないので、あなたが分けやすいように分類してください

4 色別で分類した食材を見て、よく似た食材があるならば、どちらかに絞れないか考えましょう

5 これらの食材で調理方法を変えて、新メニューを考えてみましょう

食材を色で分類し、リスト化しておくと、常に使用している食材で、味付けや料理の見せ方を工夫するだけで、ひとつの食材で何通りものメニューをつくり出すことができます。するとあなたのお店は大手チェーン店にも負けない、女性客に喜んでもらえるオリジナルメニューを提供できるようになるはずです。

04 女性は家で食べられる料理には興味がない

女性がお金を払ってまでお店に食べに行きたいと思うのは、**家では味わうことができない魅力を期待**するからです。

それはもちろん、料理だけではありません。例えばお店のインテリアからうつわ、盛り付けまで、すべてにおいて、お金を払ってまで食べに行きたいと思うかどうかがポイントになります。

ここでは、私が体験した、料理の工夫に感動したエピソードを紹介します。

友人と大阪北区にあるワインバーへ行った時の話です。そのお店のメニューの中で一番人気があるおつまみを聞いてみると、なんと枝豆だというのです。「意外と普通のものが人気なんだな」と思いながらも、注文したところ、想像していたいつもの緑の枝豆ではなく、**煎られて黒く焦げた枝豆**が登場しました。

枝豆といえば緑と思い込んでいただけに、意表を突かれましたが、見た目に香ばしく、好奇心から一層食欲が増しました。

しかも、枝豆にかかっている**塩も白ではなく黄金色**をしていて、黒く焦げた枝豆の表面でキラキラ光っているように見えました。もちろん、味も想像した以上においしく、甘辛く癖になる味で、枝豆の香ばしさを引き立たせていました。

このお店はほかにもユニークなメニューが多く、材料はスーパーで手軽に購入できるものなのに、**食材の組み合わせや思いもよらない調理の仕方で、メニューの仕上がりにとても魅力を感じました。**

なによりも完成された料理の見た目や盛り付けに心が躍るのです。見たこともない仕上がりの料理を見て、調理の工程をいろいろ想像するので、一層料理を楽しむことができました。

このようなメニューこそ、外食をしたいという期待に応える、満足感を味あわせてくれるものといえます。家では決して食べられない料理こそが、また行きたい、食べたい、と思わせるのです。


この枝豆のエピソードをヒントに、実家のもつ鍋屋の人気メニューである玉子焼きを、もっと女性客に人気が出るように色で工夫することにしました。

玉子焼きには厳選した名古屋コーチンの卵を使用するなど、こだわっていましたが、どこのお店でもするように醤油を添えて出していました。

そこで、オリジナリティーを出すために、特に女性客にもっと玉子焼きを気に入ってもらうために、黒い醤油ではなく、**ピンクの岩塩**をトッピングすることにしました。まさにワインバーの枝豆にかかっていた、黄金色の塩からヒントを得てつくった料理です。塩でも色が付いたものを使うことで、見た目の印象をより強く記憶に残すことができると学んだからです。

この玉子焼きをアレンジした後、実際に女性客の注文率が3割はアップしました。

注文した女性客は玉子焼きよりもピンクの塩が気になるようで、狙った通り、「うわー、かわいい」と、喜んでくださっています。

お客様にあなたのお店へまた行きたい！　と思ってもらいたいのであれば、家では思いつかないような料理とちょっとした驚きのしかけを考えることが大切です。

一方で女性のお客様は、**自分の手料理にも取り入れることができそうな工夫**があると、とても興味を示します。それが色を使ったものであれば、一層記憶に残りやすいのです。「もう一度行って研究しよう」「もう一回食べたら味付けの謎が解けるかも」と再来店される場合もあるでしょう。

今あるメニューに、色を使ってちょっとした驚きをしかけてみましょう。味覚の記憶よりも視覚の記憶はより正確に残りやすいものです。

あなた自身も外食をして、視覚に残った料理に出会った時は、ぜひそれをメニューに活かせないか考えてみましょう。

05

料理の「高い・安い」は、食材よりも見た目で決められる

女性は、自分の興味があることに惜しみなくお金を使いますが、それに対する**費用対効果**を男性以上に期待する傾向があります。

つまり、節約して食べるお弁当もご褒美として選ぶ料理も、**「得したい」と思っていて、その大事な要素として「見た目」がある**のです。**見た目が悪いと「高い」**と思い、**見た目がいいと「安い（お得）」と喜ぶ**ということです。

例えば、炊き立てのごはんでも、どこにでも売っているようなこだわりのないお茶碗で出されるのと、その場で店員さんがベージュ色の木のおひつから、濃い色のお茶碗によそってくれるのとでは、全然おいしさが違うと思いませんか。

ましてやお米にこだわっているのであれば、そのこだわりをさらに引き立たせてくれるようなうつわで演出をし、高級なお米であることをアピールしないとそのこだわりは伝わりません。逆に、特に高級なお米ではなくても、使用するうつわの色でこだわりのあるおいしいお米に見せることも可能なのです。

白いうつわに白いごはんを入れても、ごはんの白さはうつわと同化して目立ちませんが、黒いうつわに白いごはんを入れるとごはんの白さが一層際立って輝くように見え、おいしそうに見えます。これを**色の対比効果**といいます。同じ白いご飯でも、うつわの色によってごはんの色が違って見えるのです。

目立たせたい料理があれば、その色が薄い場合はそれよりも濃い色の食材やうつわと組み合わせたり、反対に料理の色が濃い場合は、薄い色の添え野菜やうつわを組み合わせることにより、食材や料理の見え方が変わってきます。

いくら高級な食材であっても盛り付けの色の組み合わせが悪いと、食べたい、おいしそうという判断には至らないのです。うつわ選びについては、6章3項で詳しく解説するので参考にしてください。

あるバラエティ番組で芸人や俳優が、高級食材と安価な食材を目隠しして食べ比べ、どちらが高級食材かを当てるというコーナーがありました。目隠しして食べる、つまり味覚だけで判断することはかなり難しいようです。

普段、高級な食材を食べているであろう芸能人の方でさえも、味覚の情報のみでは判断を誤ってしまうのです。

このことから、人はいい食材かそうでないかを味覚だけではなく、視覚を使って判断していることがわかります。

だからこそ、メニューの食材の色がより高級でおいしそうに見えるようなうつわの色を選んだり、盛り付ける食材の色の組み合わせにこだわったりすることが大事なのです。

ごはん一膳においても、見た目が悪いと素材の割に高いと思われ、見た目がいいと安い（お得）と喜ばれるのです。

06 最後のデザートにこそ「遊ぶ、悩む、楽しむ」を色で用意する

「デザートは別腹」「満腹なのにデザートは食べられる」という女性は多いですよね。

実はこれは、科学的に証明されていることで、人は特に甘いものを見るとそれを本能的に吸収したいと脳が思うらしく、なんと勝手に満腹の胃袋にちょっとスペースをつくるそうです。そしてその結果、満腹でもデザートを食べたくなるのです。女性に限らず男性も食後のデザートを食べたくなる方が多くいます。

しかし女性と男性の場合とでは違う点があります。例えば、女性はお昼のランチはデザ

ートが付いているかどうかがお店やメニューを選ぶ基準になる場合もあるほどです。食事のメニューが豪華でも、**サービスに付いているデザートがありきたりだと満足度が低くなってしまう**ので不思議です。それほど、デザートはお店の評価が上がるかどうかの決め手になる可能性があるのです。

このデザートですが、ちょっとした工夫で、女性をもっと喜ばせることができるのです。それは**「選べるうれしさ」を準備する**ことです。つまり、種類を用意するということです。デザートを1種類だけではなく、少なくても2種類、3種類あればもっと喜ばれるでしょう。

3種類用意することによって脳が刺激され、デザートを食べたい、選びたいという気持ちが強くなるのです。

3種類というとメニュー開発に悩んでしまいそうですが、**「3色」**と考えるとアイデアがわきやすいのではないでしょうか。

簡単な方法として、**ベースは同じにして、見た目と味を変える**のです。

例えば、アイスクリーム。チョコレート、イチゴ、抹茶味を用意するのです。そういうと、「3種類のアイスが必要では？」と思われたかもしれません。もちろん3種類用意できる余裕があればいいのですが、アイスクリームは箱がかさばり、冷凍庫の荷物になってしまう場合があります。そこで、アイスはバニラの1種類でOKです。バニラアイスにチョコソース、イチゴソース、抹茶ソースをトッピングするのです。あまり手間のかからない簡単なことですが、女性客はとても喜びます。

食後のドリンクも同じです。男性はコーヒーしかないと知ると、コーヒーを注文するか、嫌いなら会計をして店を出るか、割り切った行動です。

しかし女性は、「どうしてコーヒーだけなの？　紅茶やオレンジジュースもあればいいのに」と思ってしまうのです。

気に入ったランチを食べても、最後のドリンクやデザートの種類が決められていたりすると、「単なる満足」で終わってしまいます。

デザートやドリンクが3種類、つまり3色用意できれば、選ぶ楽しさを女性客にプレゼントすることができ、「また来たい」と思うほど満足していただけるのです。

07

季節感を色で演出して女性客の目を引こう

男性客が「定番」を好むのに対して、**女性客は「バラエティ」や「変化」を好む**傾向があります。女性は季節が変わるとメイクや洋服の色を変えておしゃれを楽しみます。秋や冬には落ち着いた色やシックな色のファッションを楽しみ、春や夏には淡いパステルカラーや、鮮やかな色が着たくなります。女性は季節の変化を色で楽しむのです。

ですから、お店に季節を感じる花や飾りをディスプレイしていると、敏感に反応するのは女性客です。本項ではそんな女性客の興味を引くために、メニューを少し工夫して、色で季節感を演出する方法についてお話しします。

春、夏、秋、冬、それぞれの季節をイメージすると思い浮かぶ色があると思います。春といえば、桜や桃の花の淡いピンク、菜の花の黄色、新芽の黄緑がイメージできるでしょう。その中でも特に淡いピンクは春をイメージさせるのに外せない色です。これらの色をメニューの食材や盛り付けるうつわに使うと春をイメージさせることができます。ピンク×黄色×黄緑を組み合わせて使うことも春らしさの演出に効果的です。

例えば、定番のグリーンサラダでも、ゆで玉子を砕いて散りばめたり、ハムを花型にくり抜いて飾ったりするとかわいくなります。マヨネーズに梅肉を混ぜてピンクのソースをつくり、白いお皿に飾ると春らしくなりますね。

夏にもイメージする色があります。ギラギラ照りつける太陽の赤やオレンジ色、ひまわりの黄色、木々の濃い緑、海や空の青といった明るくて鮮やかな色です。

また、夏の涼を表わすようなあじさいの淡い紫や水色、朝顔の薄紅色、かき氷やアイスクリームの白も夏のイメージです。

夏の暑さをアピールしたい場合は前者を、暑さを和らげ、涼しげな演出をしたい場合は後者の色を使うとよいでしょう。例えば、観葉植物の大きめの葉をガラスのお皿とお皿の間に敷くことで、まるで南の島にいるかのような夏のさわやかさを演出できます。

秋は収穫の季節。栗、松茸、かぼちゃ、柿など秋の味覚は色みが渋くなります。紅葉の赤や黄色、ハロウィンのオレンジ色と黒の組み合わせも秋らしさを楽しめる色です。ただし、秋を表わす赤やオレンジ色は夏の赤やオレンジ色に比べ、色を熟成させたような深みのある暖かく、落ち着いた色合いです。

このような深みのある赤やオレンジ色、茶色を使うと秋らしさが演出できます。

例えば、にんじんをいちょう切りにしたり、紅葉の型で切って、揚げ物や、焼き物、煮物に添えると秋を感じさせます。さらに本物の紅葉を飾るとより秋の風情を楽しめますね（植物を飾る場合は、きちんと洗って衛生面に気を付けましょう）。

そして冬、冷たい雪も降るこの季節を表わすのは白、黒、グレーなどのモノトーンです。街行く人の装いも色みがシックになります。

街にこのようなモノトーンの色が溢れる季節だからこそ、来店されたお客様には暖かく、くつろいだ気持ちになってもらいたいものです。

寒い時は暖かい料理にほっとします。暖かい料理をよりおいしそうに見せるのは、白よりも黒のうつわです。鮮やかな色より黒が混ざった濃く深みのある色が暖かい印象を与え、料理を一層おいしそうに見せてくれます。

濃い色のうつわや鍋にグツグツと煮えた白い豆腐やきのこ、緑のネギなどの食材を見ると食欲がわきます。

また、冬にはクリスマスやお正月などワクワク楽しい華やかな行事がたくさんあります。これらの行事をイメージするように、12月や1月には、赤やゴールドを店内やテーブル周り、メニューの食材や盛り付けに取り入れると特別感を演出することができます。

例えばゴールドの模様が入ったうつわを使用したり、料理に金粉を飾ったりすると、普段味わえないようなぜいたく感をお客様に提供することができます。

メニューの食材や盛り付けに季節に応じた四季折々の色を選ぶことで、お客様にまず目で楽しんでいただくように、気軽に季節感を演出しましょう。

メニューづくりの参考になる季節のイメージと色

	イメージ	色の種類
春	桜、桃、菜の花、ひな祭り、入学、新生活、遠足、はじまり、ふんわり、かわいい、ぽかぽか	桜色、桃色、紅梅色、萌黄色、若草色、たんぽぽ色、山吹色、すみれ色、菜の花の黄色、チューリップの赤、新緑のフレッシュな緑
夏	海、太陽、水着、浴衣、朝顔、かき氷、花火、バカンス、避暑地、夏祭り、暑い、ギラギラ	青、牡丹色、露草色、菖蒲色、ひまわりの黄色、ハイビスカスの赤、あじさいの紫、マリンなトリコロール（青・白・赤の組み合わせ）
秋	紅葉、ハロウィン、収穫祭、秋祭り、赤とんぼ、実り、読書	栗色、柿色、桔梗色、いちょう並木の黄色、夕焼けの茜色、すすきの茶色、枯葉のカーキ
冬	クリスマス、お正月、成人式、晴れ着、雪、スキー、バレンタイン、冬眠、ストーブ、こたつ、寒い、寂しい	純白、枯草色、椿色、スノーホワイト、ポインセチアの赤、クリスマスツリーの緑、ゴールド、夜空の紺に星の黄色の組み合わせ

08 クリスマスカラーでおいしさアップ！補色で料理を引き立てよう

ここまで、色を活用した女性客に喜んでもらえるメニューづくりについてお話ししてきましたが、それでもメニューの食材選びや盛り付けに困った時、簡単に使える色の組み合わせをご紹介します。

1年のうちで誰もがワクワクする行事といえば、クリスマスです。**緑のクリスマスツリーや赤い服を着たサンタ**を思い出すだけでクリスマスが待ち遠しくなるのではないでしょうか。

このクリスマスカラーの赤と緑、実はワクワク感を増幅させる効果がとても高い色なのです。

赤×緑の組み合わせは**補色配色**といって、**お互いがお互いの色を強調し合おうとする組み合わせ**だからです。赤のワクワクさせる効果を緑がより引き立たせているのです。

この配色をメニューの食材選びや盛り付けに応用すると、料理を豪華に見せることができます。

例えば、まぐろのお刺身には、よく大葉が添えてあります。まぐろの赤に大葉の緑。まさにクリスマスカラーの組み合わせです。これは、殺菌作用という実用性に加えて緑の大葉を添えることで、まぐろの赤い色が一層鮮やかにおいしそうに見える効果も狙っているのです。

グリーンサラダにトマトを飾ると、野菜の緑がきれいに見えると同時に、トマトも熟したような甘さを感じる赤に見えます。

ただなんとなく赤×緑で組み合わせているメニューがあるかもしれませんが、効果がわかると自信を持って赤×緑を使えますよね。この自信はお客様にも伝わるのです。

補色の組み合わせはクリスマスカラーの赤×緑だけではなく、**夜空とそこに輝く月や星の組み合わせ、青（紺）×黄色（ゴールド）**もあります。

例えば、なす料理を黄色のうつわに盛ると、黄色がなすの色を引き立ててくれるので、なすの紺が鮮やかでおいしそうに見えるのです。

補色配色はお互いがお互いの色を引き立てる組み合わせなので、食材をより新鮮に、そのメニュー本来のおいしさを強調させて見せる効果があります。ぜひ、料理の盛り付けやうつわ、小物選びの参考にしてください。

クリスマスカラーや夜空の組み合わせの他にも、相性のよい色の組み合わせは身近なところに満ち溢れています。

あなたが街や自然の中で「きれいだな」「目立つな」と感じた色の組み合わせをお店のメニューづくりに活用してみましょう。

カラーコーディネート法を知らなくても、あなたがきれいだと感じた色の組み合わせを応用するだけで、センスのよい配色になるのです。

補色を覚えよう

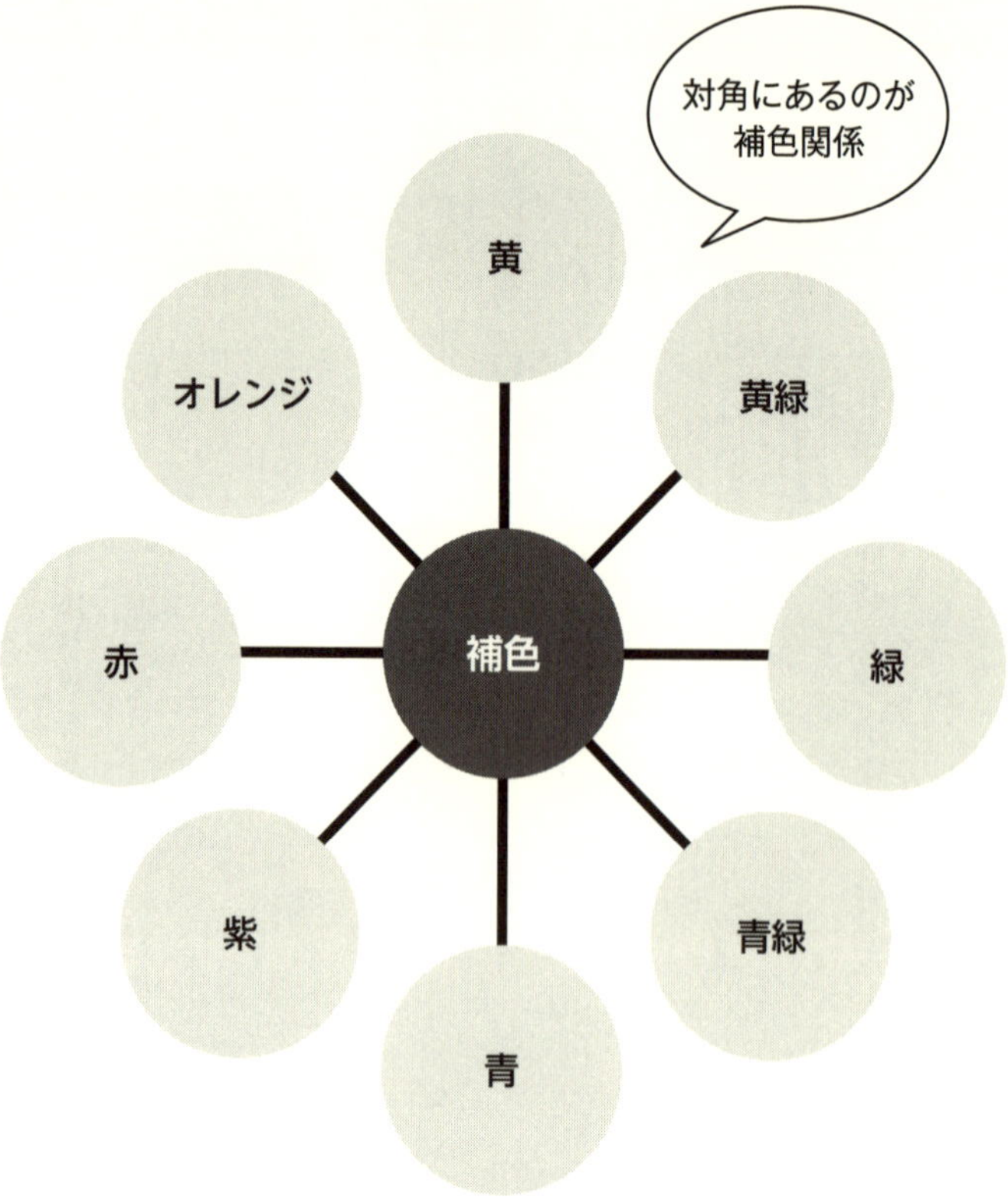

メニュー例

赤×緑	グリーンサラダにトマト
黄×青	なす料理に黄色のうつわ
オレンジ×青緑	青いカクテルにオレンジのスライス
黄緑×紫	レタスに紫玉ねぎ

6章

色を使った店づくりで「こだわり」を伝えよう

01

お店のこだわりは語るのではなく、店づくりで伝える

ある居酒屋さんへ行った時のことです。その居酒屋さんは素材にかなりこだわっているお店で、メニューを注文する度に、オーナーが素材の産地や調理法などのこだわりを延々と熱弁してくれるのです。

最初はとても親切に感じてうれしかったのですが、毎回なかなか話が終わらないので、だんだんとうんざりしてきました。

こだわりを「伝えたい」というオーナーさんの気持ちはよくわかります。しかし、もっ

とお客様にこだわりをうまく伝える方法はあります。

もし、あなたも必要以上にこだわりを語っているのであれば、やめましょう。

なぜなら、**お客様は食事を楽しみに来ているの**です。**一緒に来た友達や恋人とたくさん話をしたり、家族との貴重な時間を楽しむために来店されているの**です（店主との会話を楽しむ店もありますが、その場合も、決してこだわりばかりを語っているわけではありませんね）。

ですから、お客様の大切な時間を奪って、お店のこだわりばかりを語ることはとても失礼なことになります。それに、最初は興味を持って聞いてくれるかもしれませんが、話が長過ぎると、お客様は次第に疲れてきます。

しかし、あなたが、お店のこだわりや他店との違いを、お客様に知ってもらって喜んで欲しい、安心してもらいたいという気持ちはよくわかります。

では、それを自然な流れで伝えるにはどうすればよいでしょうか。

それは、**こちらからいわなくても、お客様がお店のこだわりに興味を持つように、さら**

こだわりは写真と色で引き付ける

赤い文字のＰＯＰ、黒い筆文字のＰＯＰ、両方とも力強くて目を引く

には、お客様から質問が来るように、色を使って注目度を上げればいいのです。

例えば、実家のもつ鍋屋では、こだわって仕入れている焼酎を写真に撮って、大きく引き伸ばし、目立つように金縁の額に入れて、壁にかけています。それも、**テーブルや座敷に座られたお客様の目線に入る高さに飾って**います。

さらに、大きく目立つように赤字で「当店自慢」、黒くて太い筆で「こだわりのオリジナル焼酎」と書いた紙を、写真の隣に貼っています。

そうすると、写真に書いてある銘柄とこだわりのポイントも読んでもらえるのです。**赤い文字と黒くたくましい文字で目線を引きつける**ようにしかけているのです。

この写真を飾ってから、焼酎好きなお客様から質問されることも多くなり、必然的にこだわりを説明する機会も増えました。

お客様が興味を持って聞きたいことなので、それについて話をしてあげると、店側からの一方的なおせっかいとは感じず、親切で丁寧な対応と喜んでもらえるのです。

お客様にこだわりをアピールしたい時は、まず、お客様の目を引くような色で引き付けて、伝えましょう。

02

温かみのある華やかさを壁で演出しよう

女性は男性よりも色に敏感で、見た目や雰囲気に影響されます。特別なイベントの日や自分へのご褒美に飲食店を利用することも多いので、特別扱いされたり、華やかな空間が大好きです。

ですから、お店も明るくきらびやかな美しいところや、栄えていて勢いがあるところを好みます。**華やかな店はいつも女性が集まっている**のではないでしょうか。

では、女性客に喜んでもらえる華やかなお店にするための色の取り入れ方についてお話しします。

華やかさを一番アピールしやすいのは店内の壁です。**店内で一番面積が広い壁が、お店の雰囲気を決める**といってでも過言ではないでしょう。もし、あなたのお店が殺風景で寒々しく感じるのであれば、きっと壁の色が原因でしょう。温かみを感じない場所では、落ち着いて食事ができないものです。

飲食店の壁の色は体温を上げ、気持ちを高揚させ、温かみを感じさせる色がふさわしいでしょう。例えば、真っ白よりもクリームがかったアイボリー、パステルピンクよりもサーモンピンク、グレーよりも茶色などがいいでしょう。

しかし、いくら温かみを感じる色の壁であっても飾り気のない状態では、華やかさに欠け、栄えて勢いがあるようには見えません。

壁は店の中で面積が大きいので、視点の定まる位置がないと次第にお客様は退屈になっていきます。そこで、壁を大きな画用紙だと思って、所々に色を飾ると、**色があるところにお客様の視点が動き、無意識に楽しくなり、目で満足することができる**のです。

あなたのお店の雰囲気に合うような絵やポスターを飾ったり、色画用紙を利用して壁にメニューを貼ったりして、壁に飾った色をまるで絵本をめくるかのように、女性がワクワクしながら視点を動かせる楽しさを提供してください。お店の雰囲気に合う、柄ものの生地を額に入れたり、タペストリーとして飾ったりするのもいいでしょう。

例えばカジュアルなお店にしたいのであれば、鮮やかな赤や黄色、緑で店内を飾る。都会的なお店にしたいなら、ワインレッドや深緑、黒を飾る。和風のお店にしたいなら、茶色、からし色、えんじ、渋い緑を飾る。

このように飾る色によってお店のイメージを演出することができます。

実家のもつ鍋屋は殺風景だった壁に、来店されたお客様の写真を貼り、色とりどりの賑やかな雰囲気を出しました。お客様の楽しそうな笑顔の写真に、はじめて来店されたお客様からも安心感を持ってもらえているようです。

女性のお客様からは「おばちゃん、かわいく撮って!」とリクエストがあったりして、お客様とコミュニケーションを図るのにも役立っています。また、写真の出来上がりを楽しみに再来店してくれるお客様も増えたそうです。

壁に貼っているお客様の素敵な笑顔の写真が、お店を温かく和ませてくれています。

03 うつわの色でもっと料理を華やかにしよう

私は、スーパーやコンビニでお惣菜を買って家で食べる際、必ずお気に入りのうつわに盛り付けます。すると、パックに入っていた料理が、ぱっと華やかになるのです。それほど、うつわ選びは大切なのです。

例えば、懐石料理やフランス料理は「目で食べさせる」と言われるぐらい、見た目が華やかで、視覚を楽しませてくれます。

小鉢や平皿など、たくさんのうつわを使う懐石料理は、料理はもちろん、うつわの色で季節感を出したり、葉や花などの、旬の飾りを添えて、華やかに演出しています。うつわの色と料理の色、アクセントの葉や花などの色を、上手に重ねていっている印象です。

一方、フランス料理は白いお皿に絵を描くように料理を飾っています。素材やソースの色を使って、カラフルに仕上げています。

どちらも共通していることは、まるで宝石箱のように、食事を色でも楽しませてくれている点です。見た瞬間に気持ちが盛り上がる懐石料理やフランス料理を、女性が自分へのご褒美や特別な日に食べに行きたくなる気持ちがよくわかるのではないでしょうか。

先日、あるテレビ番組で心理カウンセラーの先生が**「女性は、うつわの色で味覚を楽しむ傾向がある」**とおしゃっていました。ですから、女性客を増やしたいのであればうつわの色にもこだわり、盛り付けを一層華やかなものにしましょう。

もし、盛り付けが得意でなければ色や絵柄が付いているうつわを活用してください。なぜなら、白いうつわに盛られた料理の色数が少ないと貧弱に見えますが、うつわに色や絵柄が付いているとボリュームがあるように見える効果があるからです。

色のセンスがないからといって、あきらめなくても大丈夫です。うつわと料理の色の組み合わせ方を知って、女性が喜ぶお店にしましょう。

ここから、うつわ選びと盛り付けのアイデアをお伝えします。まずは簡単な方法からマスターし、次第に色の数を増やしていきましょう。

料理の色とうつわの色は同系色にしよう

まずは、一番簡単な方法です。それは、**料理と同系色のうつわを選ぶ**ことです（次ページ参照）。これでまとまりが出ます。しかし、似た色で盛り付けをしてみると、おそらく何か色が足りないと感じると思います。そこで工夫が必要です。

例えば、焼き魚であれば、焼き魚に似た茶色系のうつわを選びます。同じ色同士の配色になるので、あまりにもまとまり過ぎて単調になってしまうので、**アクセントに目立つ色や鮮やかな色を飾って**ください。例えば、焼き魚なら、レモンやすだち、大根おろしなどを添えて、アクセントにしましょう。

温かい料理には温かみを感じる色のうつわを選ぼう

熱々のシチューや、キンキンに冷えたビールがおいしいと感じるように、料理の温度はおいしさを左右します。ですから、温かい料理は最後まで温かく、冷たい料理は最後まで

同系色の組み合わせ

赤系	赤、朱色、ピンク、桜色、つつじ色、ワインレッド、えんじ、あずき色、レンガ色　など
オレンジ色系	オレンジ色、ピーチ色、小麦色、茶色、キャラメル色、チョコレート色、焦げ茶色　など
黄色系	黄色、山吹色、クリーム色、からし色、ベージュ、黄土色、カーキ、ゴールド　など
緑系	緑、黄緑、若葉色、オリーブ色、うぐいす色、抹茶、青磁色、モスグリーン　など
青系	青、水色、紺、藍色、ターコイズブルー、群青色　など

冷たく、おいしい状態で食べてもらえるようにしたいものです。そこで、うつわの色を活用するのです。

色には温度感があるため、温かさを感じる色のうつわには温かい料理、冷たさを感じる色のうつわには冷たい料理を盛り付けてください。

例えば、煮物は茶色系など、土の温もりが感じられるうつわや濃い色のうつわを使用すると、いつまでも料理が温かく、おいしさが逃げないように感じます。

反対に、お刺身や冷たい料理には、海や川、水、氷などを連想させるようなブルー系やガラスのうつわを使用すると、いきいきと新鮮に見えるため、さらにおいしく感じます。

極端にいうと、それぞれの食材が育った場所に近い色を選ぶと、間違いありません。

ベースカラー、アソートカラー、アクセントカラーの3色を使おう

盛り付けで大事なのは、色の量のバランスです。つまり、料理とうつわの面積比です。料理を華やかにおいしそうに見せるために、色の組み合わせを工夫しましょう。

単色より複数の色があると、見た目が華やかでおいしそうに見えますが、まずは3色の組み合わせをマスターし、慣れてきたら4色、5色、6色と増やしていきましょう。

では3色の内訳ですが、一番大きく面積を占めるメインカラー（ベースカラー）は料理そのもの、次に面積が大きいサブカラー（アソートカラー）はうつわ、そして、小面積で料理をおいしく強調させるアクセントカラーが飾りとなる野菜や果物などです。これらの**比率は大まかに7：3：1**と覚えてください。

メインカラーになる料理とサブカラーになるうつわの色は同系色、もしくは類似色（色相の近い色同士の組み合わせ）や同じトーンで合わせるとまとまり感が出ます。

そしてアクセントとなる飾りの野菜や果物にはインパクトのある鮮やかな色や、うつわや料理の反対色を選んでください。

04

ユニホームも色次第で立派な販促ツールになる

人間は、料理の色を見た瞬間に、温かい、冷たい、甘い、辛いと感じます。色は言葉で説明をするよりもはるかに速いスピードでメッセージを伝えているのです。

料理番組や料理本を見ていると、映像や写真から食材や盛り付けの彩り、鮮やかさ、おいしさが伝わり、食べてみたい、つくってみたいと思います。もし、テレビや本がモノクロだったら、おいしさが伝わるでしょうか？　食べてみたい、つくってみたいとも思わないかもしれませんね。

では、あなたのお店に来店したお客様が、最初に目にするものはなんでしょうか。テーブル、いす、壁に貼ってあるメニューなど、いろいろあるかもしれませんが、お店の扉を開けた瞬間、「いらっしゃいませ」「こんにちは」とスタッフが挨拶をしたら、すぐにそちらに目がいくでしょう。

スタッフの印象のよい声がけももちろん大事ですが、本書は色がテーマですから、スタッフが着るユニホームについて、考えてみたいと思います。そのスタッフ**スタッフとの接触も、お客様の食欲に大きく作用するのです。**

以前、このようなことがありました。私が「女性のための癒しフェア」というイベントに出展した時のことです。私は希望者に、その人に似合うパーソナルカラーの診断をするブースを出していました。イベントの来場者はほとんどが女性で、他にも女性をターゲットにしたブースが多く見られました。私の隣のブースには、入浴剤や石けんの販売をしている会社が出展をしていました。価格は500円～1000円ぐらいで、とても買いやすい価格でした。多くの女性が興味を持ち、商品に近づくのですが、少し見るだけで、別のブースに行ってしまいます。

お昼休憩の時、名古屋から来ていたそのブースの男性社長が、「大阪は商売が難しいですね。まったく売れないです」とぼやいていました。

しかし、私はなぜ売れないのか理由がわかっていました。それは、その方がスーツから靴まで、真っ黒にコーディネートしていたからです。

女性客が、商品をゆっくり見たいと思って近づいても、全身真っ黒な男性が立っていると怖そうで近寄り難く、詳しいことを聞きたくても威圧感があって聞けません。

その社長は、隣のブースに出展していた私の仕事に興味を持ったらしく、「色によって相手に与える印象が違うのですね」と尋ねられたので、「女性のお客様に親しみを持ってもらいたいのなら、黒の服装はＮＧですよ！　女性が好む色を着ることです」とお伝えしました。

扱っている商品のターゲットが女性なら、それを売っている人は、女性が親しみやすい色の服を着ていないと、お客様は寄ってきません。その社長には、せめて黒のスーツの中に、ピンクや黄色のシャツを着ることを提案しました。

すると偶然にも後日、別の場所の同様のイベントでその社長と一緒になったのです。その社長は黄色いスタッフジャンパーをユニホームとして着ていました。私の予想通り、真っ黒のスーツで販売していた時にはまったく売れなかったのに、ユニホームを変えただけで、女性客でブースは溢れていました。

では、お店ではどのようにしてユニホームの色を決めたらよいのでしょうか。

飲食店のユニホームは作業着ではなく、**お客様により料理がおいしく感じてもらえるように、またお店が華やかで活気があるように「見せる販促ツール」として**考えましょう。

ユニホームの色の決め方はいろいろあります。例えば、イタリア料理であれば、熟成したおいしそうなトマトソースのような赤にする。もしくは、イタリアの国旗の色である緑・白・赤から上手に選ぶことができます。私の知人が経営しているイタリアンレストランは、まさしく国旗カラーをユニホームにうまく取り入れています。白いユニホーム（コックコート）に帽子とエプロンが緑です。それから首に巻いているコックタイが赤です。ユニホームでイタリアンのイメージを演出しています。

国旗カラーから選ぶ方法は、料理やお店をイメージしやすく、印象に残りやすいのでとても効果的です。

他にも、料理や食材から連想する色から選ぶ方法があります。新鮮な魚介類専門のお店であれば、海をイメージさせる濃いブルーのTシャツなどもいいですね。野菜がおいしいお店なら、エプロンを緑にできるでしょう。

ちなみに実家のもつ鍋屋のユニホームはポロシャツで揃えています。色は、調理場は清潔感を与える白、ホールスタッフがオレンジ色です。エプロンと頭に巻くバンダナは両方とも赤です。オレンジ色と赤は、食欲増進、バイタリティ、賑やか、楽しい、明るいといったイメージを発信するので、スタッフがいきいき元気に楽しく接客ができるように選びました。

飲食店のユニホームにあまり向かないのは、グレーです。なぜならば、グレーから連想する食べ物が極端に少ないことと、グレーはネズミ色とも呼ばれるため、不潔な印象を与える場合があるからです。実家の焼肉店で、のれんの色をグレーに変えた話を3章でしましたが、グレーは無機質で、何の特徴も持たない色なので来店されたお客様の印象に残らなかったり、ワクワクした感情を消してしまったりすることもあります。なので、販促ツールとしてのユニホームの色を考える時には、ふさわしくありません。

05

レジコーナーがごちゃごちゃしているとお客様は不安になる

レジコーナーは、お客様からお金をいただくとても大事な場所であり、「いらっしゃいませ」「ありがとうございます」と、お客様をお迎えしたり、お見送りしたりする場で、家でいえば玄関にあたります。

昔から、玄関を美しく清潔に保つと、その家の評判を上げるといわれています。お店の扉を開けるとすぐにあるレジコーナーも同じです。しかし時々、レジコーナーが片付いていないお店を見かけることがあります。ほこりがたまっていたり、レシートや伝票が散らばっていたり、書類や雑誌などが積んであったりします。

玄関であるレジコーナーが散らかっていると、おいしそうな料理を出すお店だと思ってもらえません。

それに会計時、「計算間違いしないかな?」「大丈夫かな?」と、お客様に不信感や不安を与える原因にもなるのです。

レジを担当するあなたやスタッフも、散らかった状態の場所にいると、伝票やペンがどこにあるかわからなくなったり、集中して計算ができなかったりして、ミスにつながる可能性もあります。ものを探して焦りながらレジを打っている担当者の姿をお客様が見ると、せっかく料理に満足していた気持ちも一気に冷めてしまいます。だからレジ担当者は、計算間違いをしないように、落ち着いて対応しないといけません。

そこで、レジコーナーを清潔に掃除することはもちろんですが、レジ担当者が落ち着いて計算し、作業効率をアップさせ、お客様に安心してもらえるように、見た目をすっきりときれいに見せるようにしましょう。ここからそんなレジコーナーにふさわしい色選びのポイントについてお話しします。

レジコーナーの色は統一させる

ペン立て、書類ケース、収納ケースはレジコーナーの台や棚、建具の色と同じ色、もしくは近い色を選びましょう。**色が統一していると、すっきりと見えます。**色が散らばっていないので、レジ担当者も気を散らすことなく、焦らず落ち着いて計算ができます。また、会計が混雑した場合でも、レジ周りの色が統一されてすっきり片付いていると、**お客様のイライラを鎮める**効果や、万が一計算間違いをしても怒りの感情を抑えてくれる効果があります。頻繁に使わないものは収納ケースや引き出しにしまっておきましょう。

レジコーナーはお客様の採点場所

お金を払う時にお客様は、払うお金とその日にお店で得た満足度を比べて、また来たいお店かどうかの採点をします。ですから**レジコーナーはお客様が冷静になる場所**なのです。お客様に気持ちよくお金を支払っていただけるように、またお店側も大切にお金をいただく気持ちを表現するように、**キャッシュトレーは高級感のある色**がいいでしょう。

一般的には、赤よりワインレッド、オレンジ色より茶色、緑より深緑、青より紺など、

濃く深みのある色が高級感を表わすといわれています。ただし、これはお店の雰囲気やイメージによっては高級感のある色が合わない場合もあるので、その場合はキャッシュトレーの素材を工夫するなどしてみてください。

キャッシュトレーにこだわりを持っているお店が少ないので、キャッシュトレーがおしゃれだとお客様の目を引き、潜在的な記憶に残ることがあります。特に女性は小物ひとつにおいても普段見かけないようなものを目にすると、お店のこだわりやセンスがよいと感じて評価します。

最後の最後まで女性のお客様に満足してもらうためにも、普通ならこだわらないようなキャッシュトレーにもこだわってみましょう。

ショップカードは目立つ色のケースに入れる

お客様に持って帰ってもらいたいショップカードは、レジコーナーの中でも目立つ色のケースに入れておきましょう。**統一された色味の中、思わずお客様の目がショップカードに留まるような目立つ色**にしてください。すると、あなたやスタッフが「よかったらお持ち帰りください」と言わなくても、お客様は自由に持って帰ってくれます。

ショップカード自体が目立つ色であれば、透明のケースに入れるのがいいでしょう。

レジコーナーは季節の色で楽しませる

いくら色を統一させるといっても、それで殺風景になってしまってはいけません。レジコーナーはお客様を迎えたり、お見送りをしたりする場所なので、必ず一度は注目されます。季節の花や置物などを飾って、華やかにお客様を迎えてください。女性はかわいいお花や小物に反応するので、「きれいなお花ですね」「そろそろおひな様ですね」などと**会話につながる**こともあります。

女性は話すことが好きなので、**会話するとあなたのお店に親近感を持ち、また行きたいと思ってくれます。**

最後に「おいしかったです。また来ます」と気持ちよく帰っていただけるように、レジコーナーは季節の色で飾りましょう。

レジコーナーは小さなスペースなので散らかっていると目立ちます。あなたのお店のレジコーナーですぐにできそうなことから、改善してください。

06 トイレを広く見せて、快適空間にしよう

店内で見落としがちなポイントであるトイレも、お客様を満足させる大切な空間のひとつです。実はこの空間を工夫することでリピーターを増やすこともできるのです。なぜならトイレは、お店の中で唯一、お客様が一人になれるプライベート空間だからです。

例えば恋人と食事に来た女性客が、途中席を外しトイレに行く時は、決して用を済ませるだけで利用しているのではなく、化粧崩れをチェックしたり、服装は乱れていないか、口元に汚れが付いていないかなど、身だしなみの確認に行く大事な場所なのです。

だからこそ、飲食店のトイレは清潔であることは当然ですが、**女性客が安心して、身だしなみの確認ができ、かつリフレッシュできる空間として快適にコーディネート**して欲しいのです。

ここから女性が喜ぶトイレの空間づくりについてお話しします。色を取り入れるポイントを学んでください。

狭い空間を広く見せるためには、明るい色で統一する

トイレは唯一お客様が一人になれる空間なので、広くてゆったりできる雰囲気が望ましいのですが、狭いからといって改装しないといけないわけではありません。

色にはそれぞれ、色み、明るさ、強さの特徴があり、膨張して（広く）見える色や収縮して（狭く）見える色、進出して（近く）見える色や後退して（遠く）見える色があります。このような色の特性を狭いトイレにうまく使うことで、空間を広く見せることができます。

狭い空間においては、**天井、壁、建具は明るい色のほうが暗い色よりも圧迫感がなく広く感じます。**

広く感じる色、狭く感じる色

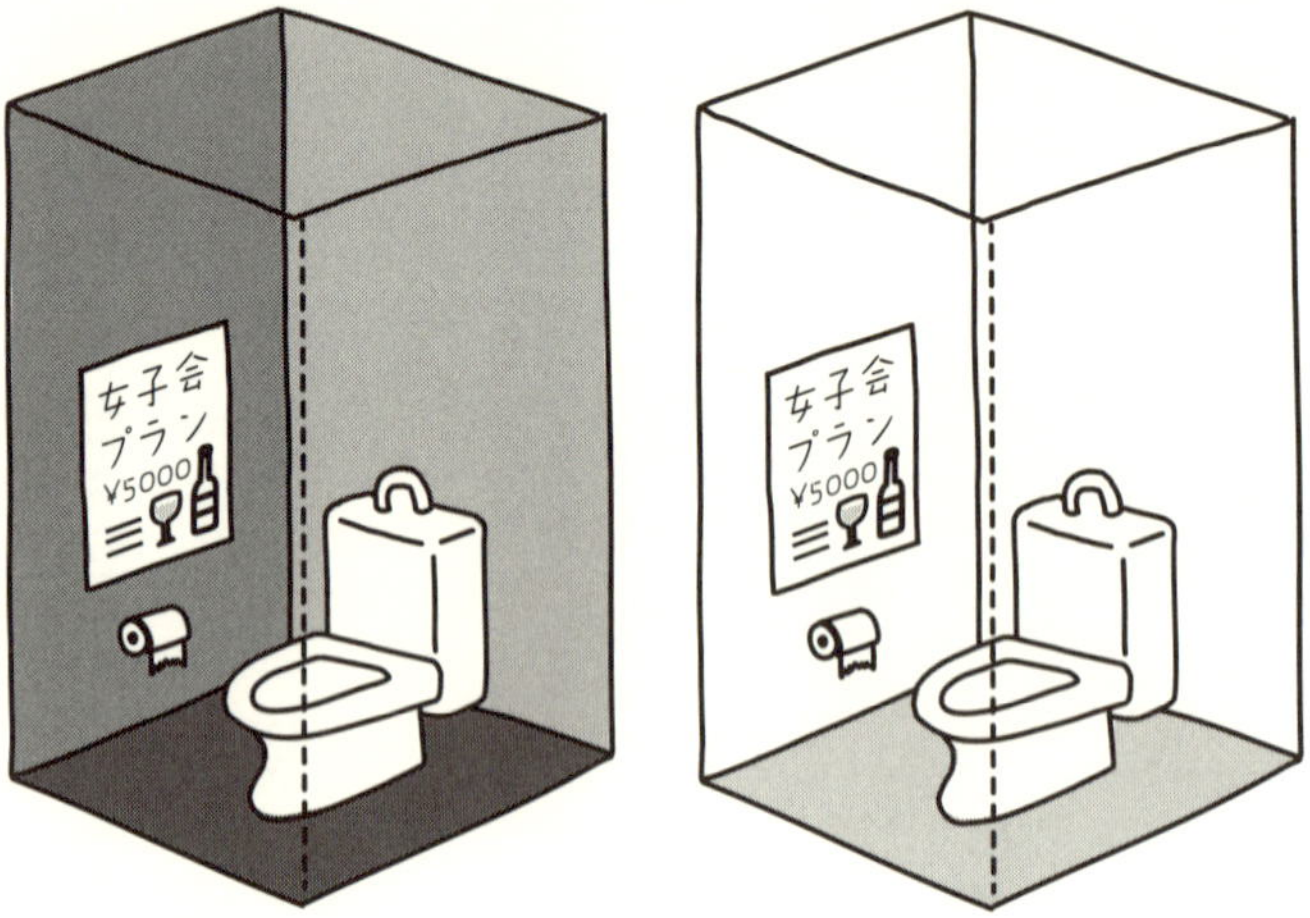

暗い色の壁や天井の色だと
圧迫感を感じ、
狭い空間がもっと狭く感じる

白や明るい色の壁や天井ならば
狭い空間でも、
膨張して広く感じる

通常、室内の空間は、天井は明るく床は安定感がある暗い色にするのがベーシックですが、狭い空間であるトイレの場合は、床も明るい色のほうが広く見えます。

もし、床が暗くて狭く感じる場合は、明るい色の観葉植物や淡い色の花や置物を飾るだけでも広く感じます。

白は膨張色の代表で、黒は収縮色の代表です。そのため、狭い空間には白が混ざった明るい色を使うと実際の面積よりも大きく感じられるのです。

狭いトイレには暗い色を避け、**飾る絵や置物、カーテンなどを明るい色に変えるだけでも圧迫感が軽減され広く感じます。**

またトイレは水を連想させる場所なので、真っ白や水色などで統一してしまうと空間は広く感じますが、冷たい印象を与えます。

夏場は涼しくていいかもしれませんが、冬は寒く感じるので、同じ白のグループでもアイボリーやベージュホワイト、もしくは温度感がない緑や紫を白で薄めたパステルグリーンやラベンダー色がトイレには向いています。

青・青緑・青紫で奥行きを出す

奥行きが短いスペースは、**青・青緑・青紫をうまく使うと心理的に奥行きが感じられ、距離が長く見えます。**

例えば森林、海、夜空を見ると、どんどん奥に入っていくように感じるのではないでしょうか？　なので青・青緑・青紫は後退色といいます。

反対に赤やオレンジ色、黄色はどんどん迫ってくるように感じるため、進出色といいます。奥行きが短いスペースに赤やオレンジ色、黄色の色をたくさん使うと圧迫感を与えて狭く感じます。

トイレのスペースを奥に長く（広く）見せたい場合は、例えば、壁に海や空の景色の写真やポスターを飾ったり、扉を開けてすぐ目に入る正面の壁または床に緑の観葉植物や青や青紫の花を飾ったりすると奥行きがあるように感じます。

また**青や青緑、青紫は気持ちを落ち着かせ、リラックスさせる効果**があるので、トイレの小さなスペースをリフレッシュができる癒しの空間へと変身させます。

先ほどは、トイレは明るい色にしたほうがいいと書いていたのに？　と思った方もいらっしゃるかもしれません。確かに青や青緑、青紫は冷たさも与える色でもあるので、奥行きを出そうとこれらの色ばかりでコーディネートしてしまうと寒々しく感じてしまいます。だからといって濃い赤やオレンジ色を飾るとせっかく広く見せた空間を狭く感じさせてしまうので、暖色系でも白で薄めたピンクやパステルイエローなどの圧迫感のない淡い色を足して飾ると、狭い空間に奥行きと温かみをつくることができます。

07

トイレを楽しくおしゃれな場所にしよう

ここまではトイレの空間を広く見せるための色の特性や扱い方をお話ししてきました。ここからは、お客様を楽しませたり、喜ばせたり、お店のこだわりを伝えるトイレの色彩活用法についてお話しします。

多くのお店では、トイレにこだわりがありません。清潔にすることだけが目的となっていて、色味がなく、無機質な場合が多いですね。そんな中、楽しくおしゃれでセンスのいいトイレに出会うと、感動さえ覚えるのではないでしょうか。

女性は感動したことや満足したことは誰かと共有したがる、という性質を持っていますから、素敵なトイレを知ったら、**「トイレがすごくおしゃれできれいだったよ」**と口コミをするでしょう。

女性のトイレに対する思いがわかる面白いサイトがありました。株式会社LIXILが自宅のトイレについて意識調査を行なっています（http://inax.lixil.co.jp/onna-gocoro/report/）。

女性はトイレをひとつの部屋だと考えています。お気に入りの絵や置物を飾ったりして、自分の部屋のようにコーディネートしているのは、男性が16・2％に対して女性は30・7％。女性は男性よりもトイレを好きなインテリアで飾って楽しんでいるようです。

この結果から、お店のトイレもおしゃれだったり、素敵だったりすると女性が喜ぶことがわかったのではないでしょうか。では、どのようにして、素敵なトイレをつくればいいか、見ていきましょう。

お店の雰囲気に合わせよう

トイレのコーディネートに迷った場合は、まずは、お店の雰囲気に合わせることです。**お店の延長線上にトイレがある**と思ってください。

例えば、あなたのお店が和食居酒屋で、店内も落ち着いた和風の雰囲気であれば、トイレに飾るものや使用するもの、例えば、カーテン、ブラインド、絵やポスター、タオルなども和風で統一します。花器や洗面台で使用するソープディスペンサーを焼き物にしたり、窓にすだれをかけたり、絵やポスターは日本の景色や日本画を飾ったりすると、和風の雰囲気のトイレが完成します。粋な日本手ぬぐいを木の額に入れて飾るのもいいですね。

トイレに飾るものや小物の色をお店の雰囲気に合わせると、料理、客席、トイレと、**細部までお店にこだわっていると感じる**ことができ、オーナーのセンスのよさはもちろんですが、来店客を満足させたい気持ちや店を大事にしていることが伝わるので、お店の価値が上がります。

色使いや配色をうまく整えたり、変化を与えるとトイレの雰囲気がぐんとよくなります。「色使い」や「配色」と考えると、難しく感じる方もいると思うので、まずはお店の雰囲気に合わせて自慢のトイレになるようにコーディネートしましょう。

予備のトイレットペーパーをおしゃれに飾る

せっかくトイレがお店の雰囲気に統一されていても、予備のトイレットペーパーがタンク上部や棚に、そのまま置いてあるお店を見かけることがあります。これでは見た目がおしゃれではありません。

トイレは唯一、一人になれる空間なので、**お客様はトイレの隅々まで見ています。**いくら清潔でセンスのいい飾りをしていても、予備のトイレットペーパーが無造作に置いてあると、せっかくの空間が台無しです。

それに、予備のトイレットペーパーは、**お客様が便座に座った時に、目に入る場所**に置いてあるほうが親切ですね。

おしゃれなカゴやトレーなどを活用して、予備のトイレットペーパーも一工夫して置きましょう。かごやトレーは、雑貨ショップなどで、トイレットペーパーが3個くらい入るものを探しましょう。きっとお店のトイレに合うものが見つかるはずです。

私の実家のもつ鍋屋のトイレは、和風の店内に合わせているため、籐のカゴに予備のトイレットペーパーを3個、ピラミッド型に入れ、その脇に季節の造花を飾っています。季節ごとに造花を変えて、変化を楽しんでいます。

ギャップに弱い女性客を喜ばせよう

ここまでは、トイレをお店の雰囲気に合わせることについてお話ししましたが、ここからはトイレをお店の雰囲気とはまったく違う空間にすることについてお話しします。トイレは独立した空間なので、店内とはまったく違った雰囲気にして、遊んでもいいのです。

特に、**ギャップに弱い女性客は、トイレに入った瞬間、意表を突かれたコーディネートを見て、きっと黙っていることはできないでしょう。**席に戻ると、「トイレが面白いから行ってみて！」と話題になるはずです。

私が印象に残っているトイレがあります。イタリアンレストランで、店内はアイボリーの土壁に自然材木でつくられた家具で統一されたナチュラルな印象でした。

しかし、トイレはまったく違う空間なのです。壁にはピンクが使われていて、洗面まわりはゴールドの建具や小物で飾られています。

入った瞬間、ゴージャスな雰囲気に驚き、一人で「わぁー！　きゃー！　すごい！」と声を出してしまったことを覚えています。

シンデレラ物語に出てくるような、ゴールドの装飾の縁取りがしてある鏡からしばらく離れられず、雰囲気に酔ってしまいニヤニヤしていました。綿棒、コットン、マウスウォッシュなどの化粧直しやエチケット用品の容器もゴールドで、どこにでも売っている綿棒やコットンなのに、ゴージャスな容器に入っているだけで、特別なもののように感じ、使うのがもったいない気持ちと、使ってみたい気持ちで興奮してしまいました。

もちろん、席に戻ると黙ってはいられず、「早くトイレに行ってきて」、と別にトイレに行きたいと思ってはいない友人を強引に行かせました。すると友人もしばらくトイレから戻ってきません。どうやら友人も私と同じく、トイレの雰囲気に浸って、長居してしまったようでした。

このような経験から、トイレはお店の雰囲気とまったく違った雰囲気でお客様を楽しませる空間として演出してもいいのだなと、私自身、勉強になったのです。

照明を変えて雰囲気を楽しむ

トイレは照明を変えるだけでも、雰囲気がグッと変わります。例えば、ホームセンターや百貨店に行くと、赤や黄色、青などいろいろな色の電球が売っています。価格は300円前後です。飾るものが少なかったり、トイレが殺風景に感じる場合は、**色がついた電球で雰囲気を変える**のもおしゃれになります。

電球の色は、絵やポスター、ガラスの花瓶など、飾っているものに色に合わせるととてもまとまりやすくなります。

トイレは独立した空間なので、店内の印象に合わせてももちろんいいですし、店内とはまったく違った雰囲気で意表を突くような空間を演出してもいいのです。どちらにも共通して気を付けたいことは、**トイレの中のコーディネートを統一する**ことです。すると女性客は、あなたやお店のセンスがいいと思うでしょう。

小さなトイレ空間にオーナーのこだわりや、意表を突いたユニークなセンスをつくれば、席に戻ったお客様からいろいろな質問があるかもしれないですね。

08 トイレを販促の場所にしよう

先ほどから述べていますが、トイレはお客様の唯一のプライベート空間です。同時に、女性にとっては身だしなみを整えたり気分を変えたり、リフレッシュする空間でもあるので、トイレでは落ち着きたいものです。

しかし、同時に女性はかわいいものやきれいなものが好きなので、花やかわいい小物が飾ってあると喜びます。そして、**ひとつ素敵なものが見つかると、他のところも気になりだし、きょろきょろと周りを見はじめます。**まるで宝探しをするようなワクワクした気持ちになるのです。

人間は面白い動物で、視覚に自分の興味があるものが入ると、脳にその情報が伝達され、身体の機能が活性化し、**次々と興味があるものを追いかけようとします。**

一方、殺風景な空間だと視覚に入る情報がないので、無反応、無関心になってしまいます。そんなトイレから客席に戻っても気持ちが冷めているので、口数が少なくなってしまい、「そろそろ帰ろうか」となります。

トイレだからこそ、おしゃれにコーディネートをしましょう。

しかし、ただ単に小物を好き勝手なところに飾っても意味がありません。小物を飾ることでお客様の視線を集める「フォーカルポイント」にすることが大事なのです。

フォーカルポイントとは、視線が最も集まる「見せ場」のことで、壁に絵を飾ったり、棚に花を飾ったりして空間を演出し、人の視線を集めることです。

ここから、落ち着けるトイレの空間だからこそ活かせる、小物の色でアクセントを付け、視線を集めて女性に喜んでもらうフォーカルポイントの使い方についてお話しします。

お客様の視線が留まる位置を必ず確認すること

お客様が用を足したり、手を洗ったりする際に**目が留まる所に小物を飾ってください。**例えば、トイレットペーパーホルダー、タオル掛け、洗面台、ドア、面積の広い壁など、そこにフォーカルポイントをつくってください。

そのためにも、**あなた自身がお客様の立場になって、トイレでの行動をひと通り行ないましょう。**あなたが男性ならなおさらです。

便座に座った時、後ろ側に素敵な絵やポスターを飾っているお店が多いのですが、お客様に見てもらいたい素敵な絵は正面に飾らないと意味がありません。

女性に見てもらいたいものは女性が座った正面の位置に、男性に見てもらいたいものは男性が立った正面の位置に飾りましょう。

視線を集めた位置に情報を掲示する

お店の一押しメニューや、お客様にお伝えしたいサービス情報は、色でしかけたフォーカルポイント付近に掲示すると有効です。

色で視線を集めて販促をしよう

小物入れの色で
視線を集めて、
旬の食材を伝えよう
観葉植物の緑に
視線を集めて、
おすすめメニューを
お知らせしよう
今は○○が旬
おすすめ! ○○○

お客様の目がフォーカルポイントに留まると、自然と近くにある情報も一緒に視野に入るのです。またトイレは、店内よりリラックスできる空間なので、**落ち着いて情報を読んでもらうことができます。**

私の実家のもつ鍋屋では、洗面周りは和風の小物を飾っています。手を拭くのには使い捨てのペーパーを使用しているのですが、飾りとしてタオル掛けに和風の手ぬぐいを掛けています。その横のスペースに、お客様に話のネタにして欲しいと、キャベツとニラの効用を書いたＰＯＰを貼ってみました。

紺やえんじ、からし色などの落ち着いた

和柄の手ぬぐいに、お客様の視線が集まると、手ぬぐいの横に貼ってあるＰＯＰも読んでくださる方が多くなり、トイレから席に戻ったお客様から、キャベツとニラのトッピングの注文率が上がったのです。しかも、特に女性のお客様からの注文が多くなったそうです。もつ鍋屋にとっては、キャベツやニラは手間がかからず、すぐにお出しできるので注文が入るのはとてもうれしいことです。

色の付いたものを、ただなんとなく飾っても意味がありません。お客様の目を留めるように小物の色でしかけるのです。

人間は色があるものを無意識に追い、視線の置き場が見つかるとほっと安心します。視線がそこに集中し焦点が定まるので、落ち着いて情報を記憶できるのです。

視線が集まる、焦点がピタッと合う、フォーカルポイントがひとつ見つかると、人はまた次のフォーカルポイントを見つけようとします。それほど色は人の視線を自然に誘導させる効果があるのです。

09

100円ショップの小物が見違える色技

今や、100円ショップに行けば、必要な道具や小物を何でも揃えることができるので、助かりますよね。例えば文房具、食器、キッチン用品、収納用品、インテリア雑貨、掃除道具など。私も100円ショップをよく利用しますが、安くていいものがあるので、ついつい不必要なものまで買ってしまい、後悔することがよくあります。せっかくならば、100円ショップで売っているものを使って、無駄遣いせずにお店がおしゃれになるように活用しましょう。

女性客から「えっ、100円ショップのものなの？　そう見えない！　おしゃれ！」と驚いてもらえるようにするのです。

それでは早速、100円ショップの商品を選ぶポイントについてお話します。

あなたのお店にふさわしい商品が揃っている100円ショップを探す

100円ショップはたくさんありますが、お店によって扱っている商品が違います。例えばナチュラルな自然素材でできた雑貨を豊富に扱っているお店もあれば、カラフルな商品を扱っているお店もあります。お店によって商品のこだわりはさまざまです。

あなたのお店にふさわしい商品がどの100円ショップに置いてあるのかを、まずリサーチしましょう。

インターネットで「100円ショップ」と検索すると、それぞれのお店が扱っている商品を見ることができます。商品の色や形、大きさなどを購入する前に確認することも可能です。あなたのお店の雰囲気に合う商品を扱っている100円ショップを事前にチェックしましょう。

おしゃれに見せるためには色を統一させる

インテリアとしておしゃれに見せるには、**色を統一させる**ことです。色を統一させず、たくさんの色が散らばっていると、ごちゃごちゃと片付いていないように見えて美しくありません。

特に厨房は雑然としやすい場所なので、扱う小物の色数を限定することです。例えば、お玉やボウル、水切りなどはオレンジ色、調味料などの収納ケースは白と決めるのです。色数を決めて、色を統一することにより100円ショップの商品が目立つことなく、すっきりおしゃれに見えます。まったく同じ色を揃えることが難しい場合は、赤なら赤系統、青なら青系統のように商品の色みを統一させてください。色が揃っていると、雑然とした厨房も片付いて見え、集中力が高まり、作業効率が上がります。

欲しい商品を探すのではなく、欲しい色を探す

100円ショップに行くと商品の種類が多く、見るもの見るものが欲しくなってしまいます。しかし、買ったものの、お店の雰囲気に合わず使わなかった、という経験はありま

せんか？　そんな失敗を防ぐためにも、**欲しい色が何色なのかを必ず決めておく**ことです。欲しい色が決まっていれば、欲しい色がない場合はあきらめて購入しません。したがって無駄遣い防止にもなるのです。１００円ショップでは、色で商品を探しましょう。

100円ショップのコーディネートを真似る

大手１００円ショップのＷＥＢサイトには、商品のラインナップページ以外に１００円の商品を上手に使い、**毎月のインテリアコーディネート**を紹介しているお店もあります。実際に扱っている商品を組み合わせているので、色のイメージや雰囲気がわかりやすく、１００円の雑貨をおしゃれに見せるコツが学べます。また実際の**店舗でも商品をおしゃれにディスプレイしている**お店もあります。お店に行った際には演出効果も学びましょう。

100円グッズにちょこっと色を足して楽しもう

１００円ショップの商品もちょっとしたアイデア次第でオリジナルな小物に変身します。**100円ショップには手芸材料も豊富に揃っています。**例えば、冬にはガラスの一輪挿しに毛糸をひと巻きして結ぶと、冷たいガラスが温かく感じます。また毛糸を白いレースに変えると涼しげな印象になるので夏向けの花瓶になります。ひとつのガラス瓶に毛糸やレースを足すだけで、冬用・夏用の花瓶に変わるのです。

また、フエルトを好きな形にカットして、テーブル周りが華やかになるお店のオリジナルコースターやうつわの敷きものをつくっても楽しいですね。

百貨店や専門店から学ぶ

100円ショップの上手な商品の選び方は、**100円に見えないものを購入する**ことです。100円に見えないものを選ぶために、百貨店や専門店へ頻繁に足を運びましょう。そこで目を養うのです。

すると、商品の色みや質感に敏感になります。例えば、百貨店や専門店の商品を見て、「これは100円ショップで代用できる」とか、逆に、100円ショップの商品を見て、「これは○○百貨店で見たうつわに似ているから買おう」と、このように商品を選ぶ際のコツがわかるようになります。

100円ショップは「安いから買う」のではなくて、「100円に見えないから買う」となるように、百貨店や専門店に通いましょう。

7章

飲食店はとことん色を活用しよう！

01

ピンク・赤・オレンジ色・黄色を使って、女子会、ママ会のリピーターを増やそう

最近、女子会やママ会がよく開かれています。静かな空間で料理を楽しむ女子会もあれば、ただただおしゃべりをして賑やかに楽しみたい女子会もあるようです。

私もよく女子会を開催していますが、女子会で使うお店の共通点は、明るくて入りやすいお店です。**チラシや立て看板にピンクや赤、オレンジ色が使われていると、「女性歓迎のお店かな?」とか、「女性限定メニューがあるのかな?」など、期待してチラシをもらったり、立て看板に近づいたりしています。**

ピンクや赤、オレンジ色を見て反応するのは決して私だけではありません。私がセミナーで、参加者様に好きな色を質問すると、女性が好む色として多いのが、ピンク、赤、オレンジ色なのです。

好きな理由は、ピンクは女性らしい、幸せな気分になれる、憧れる。赤は元気が出る、前向きになれる。オレンジ色は太陽を連想するため元気が出る、楽しくなる。このような回答が多いです。

ではなぜ女性がピンクや赤、オレンジ色を好むのかちょっと考えてみましょう。

例えば、今はいろいろな色のランドセルがありますが、昔は女の子は赤、男の子は黒と決まっていました。同じくトイレの表示も、赤やピンクは女性、黒や青は男性と区別されています。また、女性の化粧品である口紅やチークの色にはピンク系や赤系、オレンジ系が多くあります。

このようなことから、**女性はピンクや赤、オレンジ色に親しみがあり、安心感が得られるのです。**

実際、「女子会コース」「ママ会プラン」をつくっているお店も増えています。女子会、ママ会利用でリピーターになってもらうために、お客様にはぜひ満足していただきたいですね。

では、これらの色の特性を利用してお客様に喜んでもらえることを考えてみましょう。

まず料理にはアクセントとしてピンクや赤、オレンジ色を添えて華やかさを心掛けてください。

それからテーブルクロスやナプキン、テーブルに飾る花、小物類にもこれらの色で演出してみましょう。テーブルを完璧にコーディネートすることは大変なので、女子会、ママ会の予約席には、ピンクやオレンジのお花を一輪飾ったり、ナプキンの色やテーブルクロスの色を変えたりして、お客様をお迎えすると、特別扱いしてもらった気持ちになり、女性は喜びます。

もし、女子会、ママ会プランをつくったら、店頭の立て看板やチラシにもピンクや赤、オレンジ色を使って目立つようにしましょう。

色には感情があるため、**同じピンクや赤、オレンジ色でも、濃くなると、高級感や大人っぽい印象に変わり、明るくなると楽しく、親しみやすい印象**になります。

女子会、ママ会プランの価格や内容に応じて、例えばぜいたくコースには赤紫やワインレッド、柿色を使い、お気軽コースには、パステルピンク、朱赤、明るいオレンジ色でPRするなど、工夫ができます。

また子供連れのママ会の場合、ぜひ取り入れて欲しい色があります。それは、**子供が好む黄色**です。黄色から連想するものには、ひよこ、たんぽぽ、ひまわりなど、子供になじみ深いものがたくさんあり、しかも黄色は子供が最初に覚える色といわれています。ですから、黄色は子供にとって楽しさを与えてくれる色なのです。

例えば、子供用に黄色や、黄色のキャラクターが付いたお皿やフォーク、スプーンを揃えたりして、ママと一緒に来た子供も楽しく食事ができるように配慮すると喜ばれます。子供も将来あなたのお店を利用してくれる大切な見込み客と考えましょう。

子供にとって長時間の食事は退屈で、だんだん苦痛になってきます。一方、ママにとって短すぎる食事会は、まだまだ話したい、まだまだ食べたいというストレスになります。興奮色である赤、オレンジ色、黄色は人の気持ちを高揚させるので、話したり、食べたりするスピードが速くなり、すぐにお腹いっぱいになります。短時間でエネルギーを消耗するため、まだ1時間しか経っていないのに、たっぷり2時間もいたような満足感が得られるのです。

お店側にとっては短時間で満足してもらえ、回転率もよくなるので、一石二鳥ですね。また、これらの色は興奮させるだけではなく、食欲を増進させる特性があるため、メニューを多めに注文する可能性も高まります。賑やかに騒ぎたいお客様たちを楽しませる色でもあるので、女性はもちろん、子供からも人気がある色です。


お店によっては子供連れがNGのところもありますから、子供も一緒に入れるお店はママから喜ばれます。遊園地や大型スーパーのキッズコーナーや、ファーストフードやファミリーレストランではこの色をうまく活用しているので、ぜひ注目してみてください。

楽しく、十分に満足してもらえると、必ずリピートにつながります。女性は口コミの達人です。あなたのお店が女子会、ママ会の人気店として名前があがる可能性は十分にあります。

女子会、ママ会の団体プランには、ピンク、赤、オレンジ色、黄色をうまく使っていきましょう。

02

青や紫は飲食店に向かない色ってホント？

「青や紫は食欲を減退させる」という話を聞いたことがある方もいらっしゃるのではないでしょうか。青いサングラスをかけて食事をし、食べ物をおいしくなさそうに見せ、食欲を減退させるというダイエット方法もあるほどです。それほど青や紫は食欲を減退させる色として知られています。

なぜ青や紫は食欲を減退させるのでしょうか。それは、青や紫から連想する自然界にあるもの（動植物）が少ないからです。ですから、自然の恵みを食べる飲食店ではあまり使わないほうがいいとされています。

しかし、使い方によっては、青や紫も飲食店で使うとよい効果を発揮します。では、まずは青と紫から連想するものを考えてみましょう。

【青から連想するもの】

空、海、水、さわやかさ、冷たい、涼しい、冷静、信用、誠実、静寂、新鮮、魚　など

【紫から連想するもの】

高貴、高尚、優美、妖しい、大人っぽい、あじさい、なす、ぶどう、ワイン　など

これらのものがあがると思います。

色には必ずプラスとマイナスの効果があります。今、連想したものを使って、青や紫をプラスの効果として使うことができるのです。**新鮮な魚介類やこだわりのお酒を扱うお店は青系を、優雅で高級な雰囲気を楽しむお店には紫系を活用する**ことができます。

例えば、「産地直送新鮮な魚料理」という看板を考えてみましょう。この看板、赤と青、どちらの色にすればいいと思いますか？　そうです。青い看板のほうが鮮度のよさが伝わ

り、見る人に「食べたい」と思わせますよね。一方、赤い看板にしたら、暑苦しくて魚の新鮮さが伝わらず、活きがよさそうには感じません。

青は空や海を連想させる色であり、**実は日本人が一番好きな色**でもあります。どこかに青い色が目に入るとほっと安心できる色でもあるのです。

夏の暑い時期は、おしぼりや付き出しのうつわを青にすると、到着したばかりのお客様は涼しさを感じ、汗も引いて、ほっとできるでしょう。暖色と寒色とでは体感温度が2度～4度違うといわれるぐらい、夏はお店に飾る花も青系でアレンジするとよいでしょう。

夏の納涼を感じさせる冷たいメニューのご案内DMやPOPを水色にすると、料理の涼しくさわやかな印象がより伝わります。

食後のデザートやお茶も水色のうつわや湯飲みにすると、満腹感を落ち着かせ、ほっとリラックスして最後までおいしく食べられます。

青にもいろいろな種類があります。青に白が混ざると（水色、パステルブルー）明るく淡くなるので軽やかで涼しげな印象になりますし、灰色が混ざるとシックで落ち着いた和の印象、黒が混ざると（紺、藍）大人っぽく高級感が出ます。
クリスマスカラーは赤と緑のイメージが強いですが、**濃い青（紺、藍）とシルバーやゴールドの組み合わせもクリスマスにはピッタリ**です。赤と緑の組み合わせよりも大人でゴージャスな雰囲気が出ます。

また、青は後退色で、奥行きを感じさせる効果があります。狭い空間に飾る小物類を青系統にすると圧迫感が少なく、空間が広く感じます。ですから小さな洗面スペースやトイレに青は向いています。しかし冬は寒く感じるので、黄色を少し含んだような淡いターコイズブルーがおすすめです。気を付けたいのは、青ばかりで統一してしまったり、青いアイテムばかりを散らすと寒々しい雰囲気になるので、他の色も足してください。

次に紫ですが、紫は高貴な印象を与える色で、扱い方が難しい点もありますが、うまく使うと上品に見せることができます。
紫は赤と青の二面性を持つミステリアスな魅力があり、不思議と特別な印象を持たせる色でもあるため、無意識に引き付けられる女性も多いのです。したがって**希少価値の高い**

素材を使ったメニューは紫でアピールしましょう。例えば、「滅多に入らない幻のお酒」などは紫で目立たせるように強調させるとよいでしょう。

紫にもいろいろな種類がありますが、薄紫（ラベンダー色）はリラックス効果があり、赤紫はぜいたくな気持ちにさせる効果があります。例えば、女性客の予約が入ったら、テーブルに赤紫のランチョンマットや花を飾ると、**特別な気分**を味わってもらえます。薄紫でまとめると上品な印象になり、濃い紫でまとめると高級感が漂うリッチで豊かな印象になるのです。

色の組み合わせとして、薄紫×淡いピンク＝エレガント、濃い紫×ゴールドもしくはシルバー＝ゴージャスという雰囲気が出せます。どちらにしても洗練された印象になりますので、女性にとっては**非日常的な時間を味わえる色**です。

このように青や紫は食べ物に直接結び付けると食欲を減退させてしまいますが、それぞれの色の特性を活かすことで、女性客に興味を持ってもらえたり、満足してもらえたりするので、決して飲食店に向かない色ではないのです。上手に使って、女性から支持されるお店になりましょう。

03

安さが自慢のお店ほど色を使ってお店の価値を高めよう

安くておいしいお店はたくさんありますが、女性の来店率を上げたいと思うなら、安くておいしくて、かつ、おしゃれなお店にすることです。

女性はお店の雰囲気も含めておいしさを感じます。だからお店のインテリアや小物に統一感がなかったり、こだわりが見られなかったりすると、そのお店はただ安っぽく見え、「おいしそうなお店」とは伝わりにくいのです。

例えば、気になる男性に安くておいしいお店に誘ってもらったとしましょう。男性はとてもおいしいお店なので、ご馳走してあげたいと思っています。しかし、女性はどんな料理が出てきても価値を感じられないことがあるのです。それどころか、がっかりする場合もあります。

なぜならば、**女性は食事の予定がある時は、相手が異性でも同性でもおしゃれをします。**それなのに、連れて行ってもらった店が安いだけで汚かったり、店内がごちゃごちゃしていると、お店の印象が自分の価置だと思ってしまうのです。

しかし、女性が安くておいしいお店にまったく行かないのかというと、そうではありません。先日、私は女性の友人と食事に行きました。どこへ行こうかと迷っていたら、友人が「早苗、めっちゃ安くておいしいお店があるんだけど、行く？　その代わり、お店は全然おしゃれじゃないんだけど、それでもいい？　本当におしゃれじゃないんだけど、大丈夫？」と行く前にしっかり確認を取るのです。女性にとって、それほどお店の雰囲気は重要なのです。

おしゃれで統一感があり、こだわりが感じられるお店は、内装にもお金がかかっているように見えます。すると、**値段は安くても、料理の価値は高く感じ、お得感を味わってもらうことができる**のです。

もし、あなたのお店のイメージが統一されていなくて、色がバラバラでごちゃごちゃしていたり、色みがなく殺風景であったりするなら、まずはどんなお店にしたいのかイメージをはっきりさせましょう（イメージを決める際には、２章２項を参考にしてください）。次にそのイメージに沿って色を整理したり飾ったりしてください。

例えば、ナチュラルにしたいのか、それとも和風モダンなのか、南国風なのかによって使う色は違ってきます。

お店のイメージが決まると同時に使う色が決まるので、お店の雰囲気に合わない小物や備品は買わなくなり、無駄遣いがなくなります。逆にお店のイメージが定まっていないと、安い小物が見つかるとついつい買ってしまいます。その結果、ものが増え、お店がごちゃごちゃになり、整理整頓がされていないように見えます。

安い小物であっても、イメージに合った色だと安さを感じさせず、お店の雰囲気づくりに役立ちます。

例えば、南国風の雰囲気で統一することを決めたとします。イメージする色を探す方法として、**インターネットで「南国風のインテリア」と検索すると、南国風の家具やインテリアの画像が出てくるので、そこから雰囲気やイメージカラーがわかります。**もちろん雑誌なども参考にできるでしょう。

すると、「濃い緑の観葉植物を飾るともっと雰囲気がでるな」など、イメージに合った小物を選ぶことができます。高い家具や小物でなくても、イメージにふさわしい色を飾るとどんどんお店がおしゃれになります。特に女性はおしゃれな雰囲気に弱いので、店全体の印象が統一されていると、記憶にも残りやすくなります。

だからこそ、安さが自慢のお店ほど、色を使って統一感を出して、お客様の満足度を高めてください。おしゃれでセンスがよくて、女性客が喜んで来店する人気店を目指しましょう。

04 大阪のおばちゃんから学ぶたかが飴ちゃん、されど飴ちゃんの色効果

「大阪のおばちゃんの鞄の中には常に飴が入っている」。これは今や全国的に有名な話になっています。実はこの飴が、お客様を喜ばすとても素晴らしいサービスであることに気付く経験をしました。

私はカラースクールを運営しています。受講生のほとんどが女性で、年齢層は20代~50代と幅が広く、受講生たちは私にさまざまな話をしてくれます。

ある時、30代の受講生から悩みを打ち明けられました。彼女を元気付けるために何かな

いかな、と探していたところ、子供連れの受講生のために棒付きの飴を買っていたことを思い出し、その飴を彼女にあげました。

すると、「かわいい！　うれしい～」と、とても喜んでくれたのです。30代の大人の女性が、何種類もある飴を、「どの色にしようかな？」「迷いますね」「ピンクはイチゴ味かな」など、子供のように無邪気に幸せそうに、そして真剣に選んでいました。「この色！」と決まった時は、まるで宝くじにでも当たったかのようにご満悦な表情でした。

ちょうどその少し後、もつ鍋屋を営む母から、「女性客を次回来店へつなげるサービスのアイデアはないかな」と聞かれたので、すぐに棒付きの飴の話をしました。

すると早速母は、お会計時に女性客へ棒付きの飴を感謝の気持ちと共に渡すようになりました。これが想像していた以上に女性客から喜んでもらえているそうです。

飴ひとつでも色があると、もらえる楽しさ、選ぶ楽しさ、食べる楽しさがあります。

飴効果は**コミュニケーション**としても役立ちます。「どうぞ、お選びください」「ありがとうございます。何色にしようかな」と、お客様との会話が成り立つのです。

特に、飴に色が付いていると、「イチゴかな？」とお客様は聞いてきますし、「黄色はレ

色が多いと選ぶ楽しさが増える

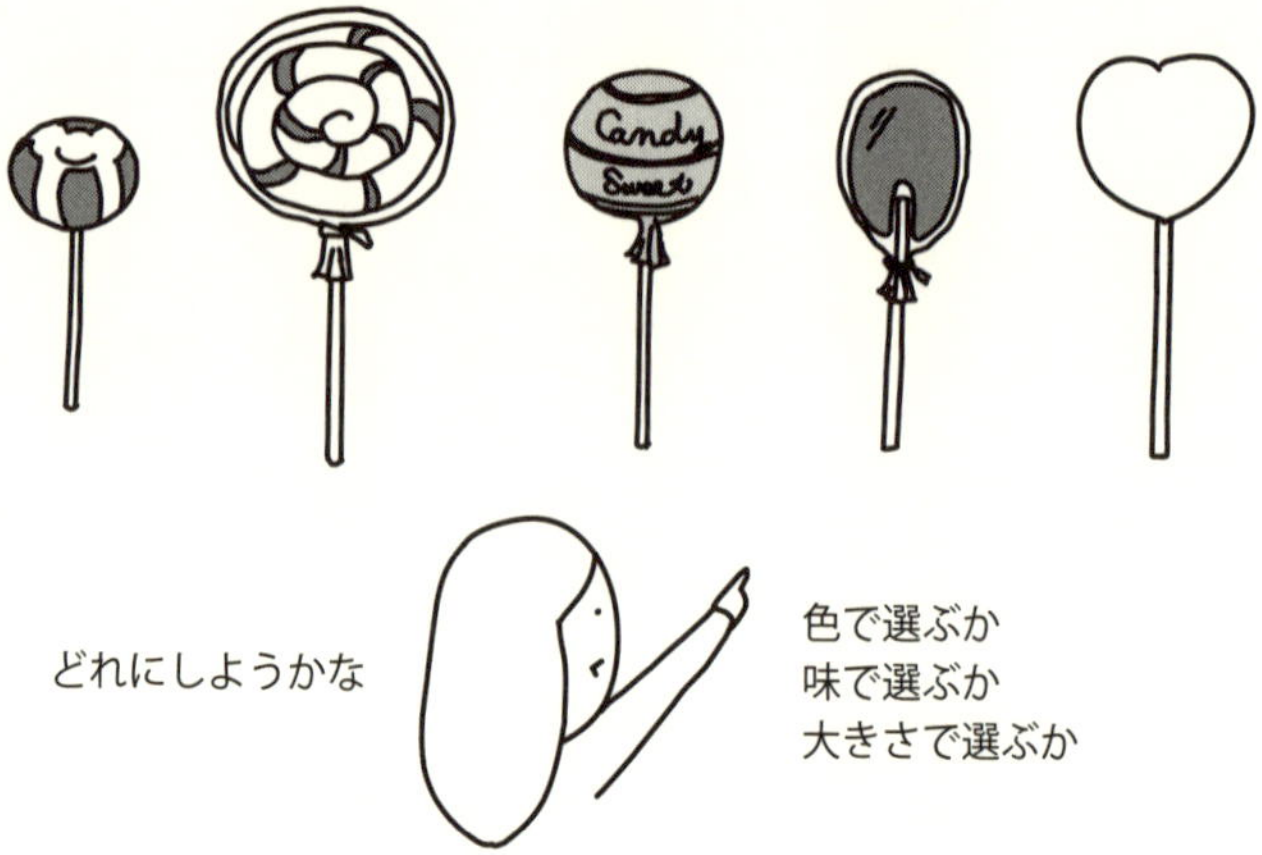
Candy
Sweet
どれにしようかな
色で選ぶか
味で選ぶか
大きさで選ぶか

モンで、緑はメロンですよ」などと店側からも声をかけることができます。

　ここでは飴を例にお話ししましたが、他の商品やサービスでも色を使って女性客が選ぶ楽しさ、喜ぶことを演出してみてはいかがでしょうか。

　余談ですが、いろいろな飴で試したところ、棒付きの飴が一番人気がありました。なぜ棒付きの飴かと考えたところ、子供の頃に食べた棒付きの飴が懐かしく、楽しい気持ちになるからかもしれません。女性客を喜ばせるためには、ちょっとした遊び心も必要なのです。

05 お客様を褒めて、色でコミュニケーションをしよう

「白のコーディネートがよくお似合いで素敵ですね」

あるレストランにランチに行った際、スタッフの方に言われた言葉です。この一言で私はとてもうれしくなり、親近感がわきました。こちらのスタッフの方々は、お客様をとても上手に褒めています。それも特に、外見や持ち物や洋服などを褒めてくれます。

「白いジャケットがとてもよくお似合いですね。白のコーディネートが素敵です」

「かわいいネックレスですね。こちらも明るい気分になります」

褒められて嫌な気持ちになる人なんていません。**持ち物や洋服、外見を褒めてもらえることで自分に自信がつきます。**

私が褒められた時、一緒にいた知人からは、「池田さんは、こちらのお店の常連なんですね。スタッフの方からとても好かれているんですね。うらやましいです」と言ってもらい、私の株も上がりました。そして、この知人も、こちらのお店を利用することで、私のように特別扱いが受けられるのではないかと思い、また来ようと思うのです。

お客様を褒めることは、お店側にかなりのメリットがあります。自然に会話が弾み、職業や住んでいるところなど、お客様の情報をたくさん知ることができるからです。

お客様は、お店の人が褒めてくれるので、信頼して、いろいろ話してしまいます。そうすると、会話の中で**お客様の名前を知ることができます。**次回来店した際には、「いらっしゃいませ」に続けて、「○○様、お待ちしておりました」と言うことができ、お客様は**特別扱いされている感じがして、また行きたくなります。**

お客様をどう褒めたらいいかがわからない場合、服装や持ち物の色を褒めましょう。

「色褒めコミュニケーション」の会話例

お客様が着ている服や身に着けているものの色を見て一言……

- **赤**　華やかで素敵です。今日はお祝いごとですか？
- **黄**　いつも以上に若々しく見えます。うらやましいです
- **青**　さわやかですね。お痩せになりましたか？
- **ピンク**　肌がとてもきれいに見えます。何か秘訣があるんですか？
- **茶**　今日はいつもより大人っぽいですね。素敵ですよ

「白いコーディネートが涼しげですね」

「ネックレスがキラキラしていて、ゴージャスで素敵です」

このように服装や持ち物の色を褒めると、女性は自分自身を褒めてもらった気持ちになります。なぜなら、自分が気に入って購入したものだからです。外見を褒めてもらえることで、自信がつき、友人や知人に「〇〇のお店の方に、この洋服を褒めてもらっちゃった。ランチもおいしいし、いいお店だよ」と口コミ現象がはじまります。

06

黒から脱却して女性客を集めよう

あなたが普段の生活でお会いする方は、お店の潜在的なお客様、つまり見込み客ということができます。ですから、プライベートのあなたの印象がいいと、あなたのお店もいい雰囲気なんだろうなと想像し、行ってみたいと思います。

そのあなたの印象をよくするも悪くするも影響を与えるのは、洋服の色にあります。女性はブランドが好きですが、男性の服装に関してはブランドよりもセンスを求めます。

私はパーソナルカラーといって、個人の肌・目・髪の色から似合う色を分析する診断を行なっています。自分の似合う色を見つけ、その色の服を着ると、健康的に見えたり、若々しく見えたり、イキイキと活力があるように見えたりします。印象がよくなるため、人付き合いなどに自信を持てるようになるのです。

最近では男性の経営者や営業マンの方が、印象をよく見せたいと診断に来られます。その方々に普段着ている洋服の色を聞くと、黒、グレー、紺が多く、その中でも黒を着ている方が圧倒的です。理由を伺うと、「無難な色だから」とおっしゃいます。

しかし、**実は黒は無難な色ではなくて、一番着こなしが難しい色です。無彩色で個性を持たない色、いわば個性を消してしまう色だからです。**

黒一色でまとめてしまうと無表情に感じられ、怖そうな威圧感を与えてしまい、暑苦しさや不潔感を与えてしまうこともあるのです。特に女性は黒を着ている男性を近寄り難く感じます。

洋服の色は、自分に対しても心理的に与える影響が大きいものです。黒は白と比べると約2倍重く感じる心理効果があります。

黒を着ると体が重く感じ、動きが鈍り、作業効率にも影響を与えるほどです。また、黒は感情を表わさず、頭を堅くさせるので、頑固になったり、融通性に欠けたり、世の中の情報を拒否してしまうのです。

色味のある服を着ると、黒とは逆に、体が軽く感じ、頭がすっきりしてきます。するとと、新しいメニューを考えてみようと前向きになったり、ふと新メニューがひらめいたり、お客様を呼ぶにはどうすればいいか、いろいろと考えるのが楽しくなってきます。

つまり、お店のセンスがよくなっていくのです。花を飾ってみようとか、この料理にこのうつわは合っているのかとか、座布団の色や柄、のれん、ユニホーム、厨房、トイレの小物など、**センスよく見せたいと意欲がわいてきます。**

また、**あなたがいつも違った色の洋服を素敵に着こなしていると、お店がはやっているようにさえ見えます。**

お店をはやらせたいならば、あなたの気持ちを変えないといけません。はやっていないお店と比べて優越感に浸ったり、「さほどおいしくないよ」などとはやっているお店の欠点を探したりしている状態では、あなたのお店ははやりません。

お店をはやらせたいのであれば、まずあなた自身が自分と向き合うこと、そしてあなた自身が変わることが大切です。

あなた自身が変わる方法として、**印象が明るく見える色の服を着ていただきたいのです。**できるだけ明るいきれいな色を着ることにチャレンジしてみてください。

似合う色を見つけるには、洋服を一人で買いに行かないことです。あなたが男性ならば、できれば奥様、彼女、女友達と一緒に行ってください。万が一ひとりで行く場合は、女性店員さんに似合う色を選んでもらってください。

この時に必ず、自分がなりたい印象の要望を伝えることです。

はやっている色や、素材などではなく、着てみたい色を選んで、その中であなたの印象が**「若々しく見える」「はつらつとして見える」「顔色がよく見える」「活力があるように見える」よう、印象がよかった色を教えてもらってください。**

店員さんは、あなたが人に与えたい印象を伝えると、プロ目線で選んでくれるでしょう。それがあなたのパーソナルカラーになります。

もちろん、きちんと自分の印象がよくなる色を知りたいのなら、プロのカラーアナリストに診断してもらうのがよいでしょう。

あなたが自分に似合う色を着こなせるようになると、お店には必ず女性ファンが増えていきます。

おわりに

最後までお読みいただき、ありがとうございます。

本書を出版する機会をいただいた時、「色彩効果についてお伝えすることで、飲食店を応援できる！」と、うれしくてたまりませんでした。

数年前、私の実家が営んでいた焼肉店は、明日どうなるかもわからない厳しい状況に置かれていました。もつ鍋屋に業態を変えて続けている現在は、どうにか順調に運営できていますが、いつまた不調にならないかと、常に危機感を持っています。

しかし、当時と変わったことがあります。それは、お客様がいらっしゃらなくて「暇だ」と感じる時でも、マイナスではなく、プラスに考えるようになったことです。

当時はお客様が来ないと、焦ったり、気力を失ったりしていた母でしたが、今では、「お客様も仕事が忙しいんだろうね」「うちの店を探してるところかな」と思うようになり、焦らずにお客様が来店してくれることを待つようになりました。

そして、その空いた時間を活用して、店頭や店内に花を飾ったり、ＰＯＰメニューを書き直したり、盛り付けの見直しをしたり、外食したお店で参考になった点を取り入れてみたりなど、お客様にもっと喜んでもらえるお店になるための改善の時間として楽しめるようになったのです。この心の持ち方の変化は、経営者にとって大きなことです。

色は学ぼうとすると難しく感じます。それよりも、色は楽しむものだと思ってください。あなたが色で楽しいと感じたことは、きっとお客様も楽しいと感じるはずです。「色を通じて楽しむ」「色を通じて笑顔を増やす」「色を通じて喜んでもらう」、このことが本書で伝わるように書きました。

最後になりましたが、本書を出版するにあたって、私を見つけてくれた同文舘出版ビジネス書編集部の古市編集長、津川さん、本当にありがとうございました。

そして、いつも私を支えてくれている皆様に心より感謝申し上げます。

本書が、飲食店を経営する皆様を応援するものとなることを心から願います。

平成25年8月

池田　早苗

著者略歴

池田早苗（いけだ　さなえ）

株式会社ル・ビジュー代表取締役　色彩戦略家

大阪府泉大津市出身。短大卒業後、繊維会社に9年間勤務。カラー全般を12年間学び、独立。カラースクールで講師として約8年、500人以上に指導する。また、ブライダル業界では2,000人以上にブライダルカラープロデュースを行なう。パーソナルカラー診断は1万人を超える実績。

現在は、飲食店、美容室、医療・介護施設などで色彩設計、色彩戦略を手掛ける。色の見直しで企業の売上を向上させてきた実績により、地方自治体や大手企業から講演依頼が絶えない。色を活用し、ビジネスを発展・成功させたい方向けの講座、講演、セミナーを開催中。

泉大津市イメージカラー策定委員、泉大津市立病院「周産期母子医療センター」全施設内色彩監修、大手ブライダル雑誌での色彩監修をするほか、テレビ、ラジオなどのメディアでも活躍。

大阪異業種交流会「ハートリンク」（http://www.osaka-heartlink.com）主催。

【株式会社ル・ビジュー事業内容】

たかが色、されど色！

稼げる色学、教えます！

個人様向け

パーソナルカラーアナリスト養成講座

企業様向け

売上が10倍上がる色彩講座

事業内容

- 色彩講座の運営及び色彩教育
- 商品（サービス）の色彩提案
- 店舗・医療施設内外等の色彩設計
- 名刺・チラシ・ロゴマークの色彩提案
- トイレコンサルティング
- ホームページ色彩提案
- パーソナルカラー診断・色鑑定

【お問い合わせ・連絡先】

池田早苗カラースクール／株式会社ル・ビジュー

〒542-0081 大阪市中央区南船場4丁目12-22 心斎橋東栄ビル302

TEL：06-4963-3295　メール：info@le-bijou.jp　ホームページ：http://le-bijou.jp

繁盛飲食店だけがやっている
あなたの店を女性客でいっぱいにする「色彩」のしかけ

平成25年8月30日　初版発行

著　者 —— 池田早苗

発行者 —— 中島治久

発行所 —— 同文舘出版株式会社

東京都千代田区神田神保町1-41　〒101-0051
電話　営業03（3294）1801　編集03（3294）1802
振替00100-8-42935　http://www.dobunkan.co.jp

ISBN978-4-495-52421-0

印刷／製本：萩原印刷

Printed in Japan 2013